お役に立ちます！

地主さんの
疑問・悩みに
こたえる本

株式会社アセット コンサルティング ネットワーク
Asset Consulting Network

近代セールス社

はじめに

　年度により多少の差異はありますが、わが国では年間130万件〜140万件程度の相続が発生しています。このうち相続税負担が生じるケースは10万件程度です。

　おおよそ全体の8％程度で相続税負担が生じているわけですが、いわゆる地主さんと呼ばれる皆さんに限定すれば、ほとんどの皆さんに相続税の負担があると言えます。

　相続税負担が生じる方々は、おおよそ①金融資産富裕層、②自社株富裕層、③土地富裕層（地主さん）という3つに大別でき、それぞれで資産構成が異なります。

　金融資産富裕層は文字どおり金融資産の割合が高く、資産の性質として属人的要素が低いため、税金等の対策や収益向上等の対策を優先することができます。

　自社株富裕層は未上場会社を経営（創業）している層で、主たる対策は「会社経営」の承継となります。これは属人的要素が極めて高いと言えるので、単なる株価対策や新事業承継税制の活用などだけでは十分とは言えません。それこそ経営に係るヒト（従業員、取引先、株主）・モノ（事業用資産、無形資産、ノウハウ）・カネ（運転資金、個人資金）に関する対策が必要となります。

　これに対し土地富裕層（地主さん）は、資産の70％以上を不動産が占めている方が多く、しかも、その不動産は一般的に流通しやすい自宅や更地や駐車場、収益性の良い賃貸物件や商業施設のような財産ばかりではありません。底地や古アパート、共有持分や不適合接道地（※）、生産緑地や雑木林、崖地や池沼など、流動性や収益性の低い財産を保有しているケースもあり、そうした財産の相続には様々な問題が伴います。

　※　不適合接道地…建築基準法が定める「道路」に2m以上接していなければならないという接道義務を満たしていない土地。

土地富裕層（地主さん）は総資産における不動産の占有割合が高い、という特徴があるわけですが、現在の不動産市況による影響はどうなのでしょうか。

　不動産投資に対する不正融資等を発端として不動産市況が悪化してきたところへコロナ禍が起こり、オリンピック需要も先が読めない、しかもインバウンド（海外からの人の流入）も停滞している…。

　しかし、これに関して土地富裕層（地主さん）は、ほとんど影響を受けていないと言っていいでしょう。その理由は簡単です。

　土地富裕層（地主さん）を取り巻く環境を遡って見ていけば、古くは昭和21年の財産税法施行や農地解放といった今までの制度状況を一変させる唐突な社会変革にも直面してきましたし、最近でも平成バブル崩壊、不動産証券化バブル崩壊、リーマンショックや東日本大震災による地価下落なども経験してきています。

　それに比べれば、最近のかぼちゃの馬車やスルガ銀行の問題を発端にした収益物件バブル崩壊やコロナ禍による不動産市況の悪化、インバウンド産業の不振等は、新興の不動産投資家層や、その層を相手にしていた不動産業者には影響は大きかったとしても、土地富裕層（地主さん）には関係性の薄い事象だからです。

　リモートワーク（在宅勤務）等によるオフィス需要の変化も同様で、平成バブル崩壊以降の変化に比べれば大した影響はないと言えます。それどころか、リモートワーク（在宅勤務）の広がりを見据えて、通常の居住用賃貸物件の空いている部分にシェアオフィススペースを導入したらどうだろうなどと、それをビジネスチャンスと捉えて相談に来られる地主さんもいらっしゃいます。

　土地富裕層（地主さん）の方々からよく聞くお悩みは次ページにまとめたようなものですが、中でも一番多いのは、やはり①の「相続税がどれくらいかかるか心配だ」というものです。

<地主の皆さんの悩み>
①相続税がどれくらいかかるか心配だ。
②何か問題があるような気がして、なんとなく不安だ。
③実際のところ、何が問題なのかがよくわからない。
④土地の有効活用をしたいが、何から始めるべきかわからない。
⑤所得税を節税し、実質所得をアップさせたい。
⑥将来、遺産分割でもめるのでは？
⑦貸宅地を処分したい。管理が面倒だ。
⑧固定資産税などの保有コストが重たい。
⑨誰に相談していいかわからない。相談しても断片的にしか教えてもらえない。
⑩現在抱えている問題は、時間が経てば解決するだろうか？

　ただし、このお悩みは簡単に解決できる内容です。というのも、資料さえ揃えていただければ、銀行等の金融機関でも、ハウスメーカーでも、FP会社でも、税理士事務所と提携している会社であれば、ある程度の精度で概算相続税の試算を行ってくれます。もちろん顧問税理士事務所でも対応してくれるはずです。

　上の表に記載している悩み事の中で最も重要で注目すべきは、「②なんとなく不安だ」「③何が問題かわからない」という漠然とした悩みに関して、「⑨誰に相談していいかわからない。相談しても断片的にしか教えてもらえない」という現状があるということです。

(1)アパートを建築したら、相続対策になる

(2)借金をしたら相続税が下がる

(3)生命保険は相続対策に役に立つ

(4)遺言書や家族信託は、相続対策に必要だ

　地主さんに対して、このようなアドバイスがなされるケースは多いと言えます。借金自体は純資産額を引き下げないため、(2)は明らかに間違いですが、それ以外の手法は間違ってはいません。ただし、こうしたアドバイスをそのまま実行に移すことで、**個別事案では効果以上に弊害が生じるケースもあります。**

例えば、アパートを建築した結果、相続税負担は減少したけれど財産の分割が難しくなった、遺言書を作成した結果、財産名義は移転できたけれど兄弟間に生じた感情のすれ違いが解消できない、などという例は枚挙に暇がありません。

　前述の(1)～(4)等は、あくまでも問題を解決するための一手段でしかなく、目的によって選択の可否を判断すべきものだからです。

　地主さんに必要なコンサルティングの視点は、大別すると次の３つと言えます。これらの根幹原則は社会情勢や景気変動等には左右されませんし、法律改正や税制改正によって手法の各論に多少の影響があったとしても、大枠がブレることのない不変的なテーマと言えます。

①**相続設計**

　土地富裕層（地主さん）に対して必要となるのは相続対策や相続税対策ではなく、「相続設計」という概念です。相続設計というのは、**各種対策・手法という各論に着手する前段階として、資産の全体像を把握・分析し、個々のケースに合わせた方向性とバランスを見極めることをいいます。**いわゆる一般的・汎用的スキームではなく、それぞれのケースに合わせた個別設計が必要であり、重要だということです。

②**ポートフォリオ改善**

　土地富裕層（地主さん）にとって、不動産は先祖から受け継いだ大切な資産です。ただし、相続税負担を考えると保有不動産の全部を維持し続けていくのは現実的には難しいですし、不動産資産の全部を維持しようとした結果、過度な資金流出を引き起こしてしまうケースもあります。

　そう考えると、**子孫へ良い財産を承継していくには、保有資産の優先順位を決める必要があると言えます。**所有資産を「残す」「利用する」「備える」という保有目的別に分析すると、どれにも該当しない「組み替え

る」べき資産が把握できます。

③賃貸経営改善

　土地富裕層（地主さん）で不動産収入を得ていない家計はないでしょう。つまり賃貸経営を行っている確率が100％と言えるわけですが、土地活用の目的が相続税や固定資産税といった税への対策だという、およそ経営とは無縁の動機で始めてしまった賃貸経営も多く散見されます。このような不動産賃貸業は**経営的視点から分析すると、改善したほうが望ましい部分が数多く見受けられます。**

　例えば、管理を依頼する方法の見直しや借入金の金利条件等の引下げ交渉、修繕費用等に関して相見積りを行い、コストに競争原理を導入して削減を図る等が、その代表例です。

　本書には、**土地富裕層の皆さん（地主の皆さん）が直面する悩み事について、15テーマの具体例を掲載**しています。個別スキームや対策のバランス等に関しては、それこそ家族構成や資産構成、財産に対するお考え（親世代・子世代・孫世代の全世代）等の個別背景ごとに変わってきますが、着眼点や方向性に関しては、ご参照いただけるものと存じます。

株式会社アセット コンサルティング ネットワーク

代表取締役　大城嗣博

2020年10月20日

お役に立ちます！
地主さんの疑問・悩みにこたえる本

CONTENTS

※本書は、『Financial Adviser』2020年夏号（近代セールス社）に特集の一部とし
て掲載した記事を、新たな項目を加え、加筆・再編集したものです。

生産緑地をどうしたらいい？

Q 生産緑地を所有していますが、2022年にはその指定を解除できると聞きました。これを受けて、単に指定を解除するか、特定生産緑地に移行するか迷っています。どんな点に注意して判断したらいいですか。

A まずは、生産緑地について、基本的な知識を整理しておきましょう。

生産緑地とは都市計画に定められた市街化区域内の農地で、建築行為等が許可制により規制され、都市農地の計画的保全が図られている農地をいいます。

良好な生活環境の確保に効用があり、公共施設などの敷地として適している500㎡（2018年改正：条例で300㎡まで引下げ可）以上の農地が指定されています。

全国に所在している農地は**図表1**のように分類することができますが、要約すると、生産緑地は農林漁業と都市環境の調和を図るために設けられているため、都市計画区域外や未線引き区域や市街化調整区域には所

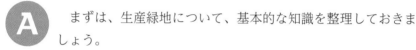

図表1

日本全国
- 都市計画区域外の農地
- 未線引き区域の農地
- 市街化調整区域の農地
- **市街化区域の農地**
  - 生産緑地以外の農地
  - **生産緑地**

在せず、市街化区域内に所在する一定規模以上の農地と言えます。

　生産緑地は農林漁業の継続を図ることも制度の趣旨となっているため、保有コストである固定資産税が「農地課税（宅地より大幅に安い）」となっており、承継コストである相続税についても、「納税猶予」を受けることができます。

　ただし、これらのメリットがある反面、生産緑地は建物建築、宅地造成、形質変更などの行為が制限されています。**この行為制限は生産緑地指定後30年が経過したとき、または主たる農業従事者が死亡した場合や、病気等で営農が困難になった場合に解除する（生産緑地をやめる）ことができます。**

　現在、生産緑地が話題となっているのは、2022年に、現在の生産緑地法が施行された1992年から30年が経過し、その解除が可能になるからです。

◆ 特定生産緑地の指定は現在の指定から30年以内に ◆

　この2022年を見据えて、次の制度として2018年4月1日に特定生産緑地制度が施行されました。内容としては、農地所有者の意向をもとに、市町村などの行政庁が現生産緑地を「**特定生産緑地**」に指定するというものです。

　特定生産緑地に指定された場合には、行為制限の解除ができる期間が10年間延長されます。この指定は10年ごとに更新が可能ですが、この指定は現生産緑地の指定から30年が経過する前までに受ける必要があり、30年経過後には特定生産緑地の指定を受けることはできなくなります。

　特定生産緑地の指定を受けると、現在の生産緑地と同様に、固定資産税は農地課税となり、将来の相続時に納税猶予の適用を受けることがで

きます。

　現生産緑地のまま、特定生産緑地の指定を受けなかった場合、固定資産税等の保有コストは本来は宅地並み課税となりますが、激変緩和措置が設けられているため大幅に上昇することはありません。

　一方、相続税等の承継コストに関しては納税猶予の適用がないため、「次の相続時」には宅地並みの相続税が課税されます。

◆　生産緑地所有者が取り得る選択肢は３つ　◆

　2022年に向けて、生産緑地所有者が取り得る選択肢を単純化すると、①**生産緑地をやめる**、②**現行の生産緑地を継続する**、③**特定生産緑地の指定を受ける**、という３つになります（**図表２**）。

　ところが、実際の生産緑地の制度はもう少し複雑です。現在の生産緑地には1974年施行の生産緑地法で指定され、そのままのもの（旧生産緑地と呼んでおく）と1992年の法改正時に指定替えを受けたもの、および1992年以降に新規で指定を受けたもの（これらは現生産緑地と呼んでおく）の３種類があります。

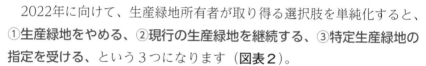

図表２

| 生産緑地の終了（行為制限の解除） | → | 売却 または 活用 |

| 現行の生産緑地を継続する | → | ・将来的な相続税の納税猶予は受けられない
・固定資産税は宅地並み（激変緩和措置有り）
・以降は、特定生産緑地への指定は不可 |

| 特定生産緑地の指定 | → | ・将来的な相続税の納税猶予を受けられる
・固定資産税は農地のまま
・10年間区切りで、行為制限の期間がある |

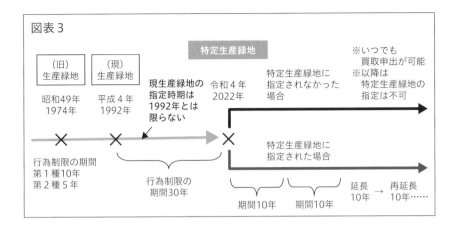

図表3

また、1992年より数年後に指定を受けた現生産緑地も存在するため、この場合の30年経過時点は2022年ではありません（**図表3**）。

ご自身の生産緑地がどちらに該当するのかに関して、所有者ご本人や子どもさんが認識していないケースも散見され、弊社で調査し初めて判明した事案もあります。

また、生産緑地の行為制限解除（生産緑地をやめる）の選択には、前述のような生産緑地制度自体の問題だけではなく、**相続税や贈与税の納税猶予の制度も密接にかかわってきます**。

納税猶予とは、「相続または遺贈により農地等を取得し、当該農地等が引続き農業の用に供される場合、本来の相続税のうち農業投資価格（1坪あたり666円〜3,000円程度）を超える部分に対応する相続税が一定の要件のもとに納税が猶予され、相続人が死亡した場合などには猶予額が免除される制度」をいいます。

納税猶予を受けた場合、三大都市圏（首都圏・中部圏・近畿圏）の特定市では終身営農が義務付けられており、三大都市圏以外の地域では20年間の営農（平成30年の税制改正により終身営農に改正）が義務付けられています。

図表4

区分	三大都市圏特定市※1の 市街化区域内農地			一般市町村の 市街化区域内農地
	生産緑地 以外	生産緑地		生産緑地以外
		30年経過後 非特定生産緑地	30年まで または 特定生産緑地	
固定 資産税の 課税	宅地並み 評価 宅地並み 課税	宅地並み評価 宅地並み課税	農地評価 農地課税	宅地並み評価 農地に準じた課税
相続税の 納税猶予	納税猶予 なし	納税猶予なし 現世代の納税猶予のみ 終身営農で免除 （現世代に限り、 貸借※2でも 納税猶予継続）	納税猶予あり 終身営農で免除 貸借※2でも 納税猶予継続	納税猶予あり 20年営農で免除
都市計画 制限	特になし	買取り申出可能 建築制限あり	30年 （特定：10年） 建築制限あり	特になし

※1　三大都市圏特定市とは、①都の特別区の区域、②首都圏、近畿圏、中部圏内にある政令指定都市、③②以外の市でその区域の全部または一部が三大都市圏の既成市街地、近郊整備地帯等の区域内にあるもの。ただし、相続税は平成3年1月1日時点で特定市であった区域以外は一般市町村として扱われる。

※2　都市農地の賃借の円滑化に関する法律、特定農地貸付けに関する農地法等の特例に関する法律に基づく賃借に限る。

国土交通省資料より抜粋

　猶予期間内にその農地等を譲渡や転用した場合には猶予額が確定し、さらに利子税の負担も生じます（「全て」と「一部」の場合がありますが、ここでは省略します）。

　わかりやすい表現を使うと、猶予額の免除とは「支払いが免除」されることであり、猶予額の確定とは「支払いが確定」することです。生産緑地と固定資産税や納税猶予との関係は**図表4**のようになります。

　これらの制度を踏まえれば、結論的には、2022年を迎えたときに生産緑地の行為制限を①解除できるケース、②解除できないケース、③解

除できるが現実的には解除しないほうが良いケース、の3つに分類されることになります。

　ご相談者の生産緑地がどの制度に基づいているのか、また納税猶予との関係はどうなっているのか、を把握しなければ、採用し得る選択肢を挙げることはできないことになります（**図表5**）。

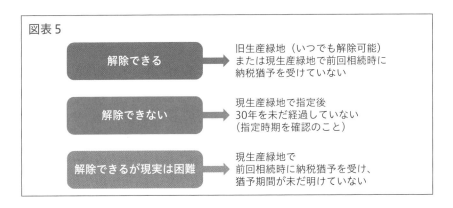

図表5

解除できる	→ 旧生産緑地（いつでも解除可能）または現生産緑地で前回相続時に納税猶予を受けていない
解除できない	→ 現生産緑地で指定後30年を未だ経過していない（指定時期を確認のこと）
解除できるが現実は困難	→ 現生産緑地で前回相続時に納税猶予を受け、猶予期間が未だ明けていない

◆ 「生産緑地以外の不動産」との関係が重要になる ◆

　生産緑地の問題は2022年問題とも呼ばれて話題になっていますし、建築会社や不動産会社など様々な企業が、生産緑地に焦点を当て、これをビジネスチャンスと位置付けて様々な提案をしています。

　ここまで見てきたように、生産緑地制度や納税猶予制度の仕組みは複雑であり、これらの制度に関する理解は必要と言えるでしょう。

　しかしながら、生産緑地を所有している方は、「生産緑地だけを所有」しているケースはほとんど無く、生産緑地を所有しているが、「それ以外の不動産も所有」しているケースが大半です。

　この点から言えば、ご相談者に対する回答としては、**生産緑地制度の理解を基に「生産緑地以外の不動産」にも焦点を当てた、資産全体をと**

らえる視点からのスキーム立案が非常に有効な手法となります。そして
その柱となるのは、**不動産の組換えと相続設計**と言えます。

　生産緑地について対策を行う場合には、次のような進め方になります。

`ステップ①`

　他の資産（不動産・株式・保険・その他）も含めて資産の全体像を把
握します。この場合、生産緑地については将来的に納税猶予を「受ける
ケース」と「受けないケース」との2つのパターンを把握する必要があ
ります。

`ステップ②`

　相続設計の3要素を検証します。3要素とは納税財源・財産移転・評
価引下げの対策です。特に生産緑地所有者は納税額が多大になる可能性
が高いので、収益性・流動性の低い資産から納税に充てる（28～29ペ
ージ参照）という方向性が重要となります。

`ステップ③`

　生産緑地の将来像について、農業を「継続したいか？」という視点と、
「継続できるか？」という視点から検証します。

　これらの視点には親の視点を重視するべきではありません。なぜなら
将来的な農業継続に関しては、残念ながら親世代は関与することができ
ず、意思決定の結果をすべて背負うのは子世代となるからです。

`ステップ④`

　ステップ③で導き出された結論が、生産緑地を継続するというもので
あれば、特定生産緑地の指定を受けるための手続きをします。

　この場合には、生産緑地に対しては相続税について納税猶予制度の適
用を受けられますが、その他の資産に対しては相続税の負担が生じます。
その際に生産緑地自体を納税財源に充てることはできないため、生産緑
地以外の財産で納税を賄えるか、という検証が必須となります。

　生産緑地を継続しない場合には、現生産緑地指定後30年経過時（2022

年が多い）に生産緑地をやめるか、しばらく現生産緑地のままで継続するか、という選択肢が生じます。

　相続時に納税猶予を受けず相続税を負担したうえで現生産緑地を継続することは想定しにくいため（弊社のクライアントで生産緑地を継続したうえで納税猶予を受けず、多くの相続税を支払ったケースもありますが）、その場合「手放す」か「活用する」という2つの選択肢になり、それぞれ重要な留意点があります。

　生産緑地は比較的面積の大きな一段の土地（500㎡以上）ですので、手放す場合には戸建の建売用地や分譲マンション用地となる場合も多く、一義的に想定される買主は開発業者となりますが、開発業者だけが購入候補者ではありません。例えば、本社用地や病院用地などとして購入する最終消費者を買主候補先として探したほうが高値売却に繋がるケースも多いと言えます。

　また、土地活用をする場合にも、生産緑地は面積が大きく建物面積も大きく建てることができるので、規模の大きな建物を建築する企画も多いですが、商圏や道路付け等の条件によっては、建物を小さめにして駐車場スペースを広く取った店舗用地として活用するほうが効率的に稼げるケースも数多く見受けます。

悩み2

サブリースをすすめられたが…

Q 賃貸物件の建築による土地活用を検討していますが、建築会社の営業担当者から「サブリースだから安心です」と言われています。サブリースとはどのような仕組みなのでしょう？　本当に安心なのでしょうか？

A 土地活用をすすめる建築会社のメニューの一つにサブリースというものがあります。サブリースとは、物件所有者と業者（建築会社、関連会社、提携会社等）との間で建物の賃貸借契約を締結し、その業者が一般入居者に転貸借を行って、**賃料の差額で儲ける手法**です。一括借上、家賃保証などとも呼ばれています。

ここでの家賃の差額は保証料等と表現され、一般的には転貸賃料の10％程度の水準に設定されることが多いです。

サブリースは、土地活用が活発に行われるようになった昭和の終わりから平成初頭の時期以降に新しいスキームとして急速に広がりました。

物件所有者としては、確定額の賃料収入が長期的に保証され、経済的負担が保証料だけなのであれば、夢のような手法といえるでしょう。しかし実際には、**物件所有者にとって問題点の多い手法**といえます。

◆　サブリース業者のビジネスモデルとは？　◆

この手法の問題点を理解するためには、サブリース業者のビジネスモデルと収益獲得要因を理解する必要があります（**図表1**）。

サブリース業者は、その物件の空室期間やリフォーム期間も建物所有

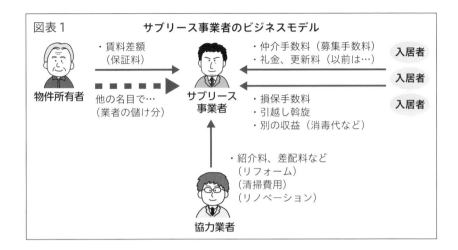

図表1　サブリース事業者のビジネスモデル

物件所有者

・賃料差額
　（保証料）

他の名目で…
（業者の儲け分）

サブリース
事業者

・仲介手数料（募集手数料）
・礼金、更新料（以前は…）

入居者
入居者
入居者

・損保手数料
・引越し斡旋
・別の収益（消毒代など）

・紹介料、差配料など
（リフォーム）
（清掃費用）
（リノベーション）

協力業者

者に賃料を支払い、家賃滞納や夜逃げ等に対処する手間や費用も負担します。これらを月額賃料の10％程度の保証料で賄うのは容易ではありません。実際には入居者から募集手数料や、それに伴う損保手数料等も受領していますし、原状回復工事や引越斡旋等の紹介料も収益の一つとなります。

　サブリースが広がった30年ほど前の賃貸市場は、相当な貸し手市場だったため空室期間もほとんどなく、礼金や更新料も普通に受領できていたので事業収益性は高かったのです。

　しかしながら、数十年の間には人口減少や競合物件の過当競争等によって、入居者から礼金や更新料が受領できないケースも多くなりました。また、技術革新も進み、設備等が陳腐化するスピードも格段に速くなりました。そのため、**サブリース事業者としては今までの収益モデルとは別の収益モデルが必須**となりました。

　入居者側から収益を得る手段としては、例えば消毒スプレーを売ったり、鍵交換費用を受領しながら他部屋の鍵を付け回して費用を浮かせる等、様々な工夫を行っている業者もあります。ただ、それだけでは環境

の変化による収益減に追いつかないため、物件所有者側から収益を得る
モデルを模索する必要に迫られたわけです。

◆　サブリースにはこんな落とし穴が…　◆

サブリース契約の落とし穴の代表例は、**図表2**のようなものです。

①借上賃料の見直し

例えば、30年サブリースなどという場合、借上期間は30年ですが、
2～5年ごとに賃料を見直す契約も多くなっています。つまり**借上自体
は期間30年ですが、その期間の賃料は変動（下振れ）する可能性があり、
未確定**なのです。

②免責期間の設定

入居者が入れ替わる際に、入居者募集の期間（免責期間）が設けられ
るケースもあります。この特約がある契約の場合、入替期間相当の収入
は支払われないため、**入居者の入替えが多いほど賃料が支払われない期
間が長くなります。**

③原状回復工事の内容

入居者の入替時には原状回復工事が行われ、その費用は物件所有者が
負担しますが、この費用が一般的な工事費用よりも割高であったり、負

図表2

30年一括借上げの　落とし穴

借上賃料の
見直し

不必要な
リノベーション

免責期間

修繕費の
積立

原状回復
工事

担割合が大きくなっていたり、そもそも、工事自体が不要な場合すらあります。

④不必要なリノベーション

建築から一定期間が経過すると、大規模な内装や外装の必要性が生じます。その際に業者が指定するリノベーション工事を行わない場合は家賃保証を打ち切るという場合もあります。

つまり、**一括借上の継続を希望する場合は、工事を断る自由や、工事内容を吟味する自由がない**と表現できます。

⑤修繕費の積立

新築時から毎月修繕費の積立を行い、実際かかった費用との差額を送金する、というサービスを付加している業者もあります。

きちんと積立が行われていれば問題ありませんが、積立金の詳細が不透明な場合もありますし、明細書を提出しない業者さえ存在します。

修繕工事を発注し費用を支払い、経費計上（一括計上、または減価償却）を行うのは物件所有者ですから、修繕費の積立も業者ではなく所有者が自身で行えば足りると言えます。

◆ 収入が保証された投資など存在しない ◆

サブリースは、物件所有者とサブリース業者との合計収益は一定額となり、それを双方で按分するビジネスモデルです。つまり、物件所有者とサブリース業者の利益は、相反する関係にあると言えます。

そもそも論ですが、土地活用は投資であり経営です。収入を保証された投資や、利益を保証された経営など無いのです。

サブリースがないと土地活用が不安な場所なのであれば、そもそも建築しないほうがいいと言えます。管理業務の手間を省きたいのであれば、サブリースではなく業務委託型の管理手法で十分と言えるでしょう。

商業施設の建設提案が来ている

Q 相続対策として、遊休地に商業施設を作らないかという提案が来ているのですが、検討に際して注意すべき点はありますか？ アパートやマンションの建設による相続対策と違いはありますか？

A 土地活用の手法は、建物用途が居住用（アパートやマンション等）か、それとも事業用（事務所や店舗等）かによって2つに分けられます。

　対象地が商店街や生活道路沿いにある場合には商業施設の提案を受ける場合も多いですが、商業施設の場合は、**小規模住宅地に適用される固定資産税等の軽減措置がないため、居住用施設の場合に比べて土地の保有コストが高くなります**。ちなみに、相続税評価額には差異がありません。

　ただ、一方で、収益性は商業施設のほうが格段に高くなるケースが多いといえます。逆説的な言い方になりますが、**収益性が居住用と同等、もしくは居住用以下の場合は、各種リスク面から商業施設は選択するべきではない**と言えるでしょう。

　商業施設での活用手法は、事業用定期借地権（※）等で「土地」を貸すケースと、土地所有者が建物を建築してテナントに「建物」を貸すケースに分類され、さらには、建築費を自己資金で賄うか、借入をするかに分けられます。

　借入については、一般的な金融機関からの借入だけではなく、入居するテナントから借り入れて賃料と返済額を相殺する手法もあり、これを

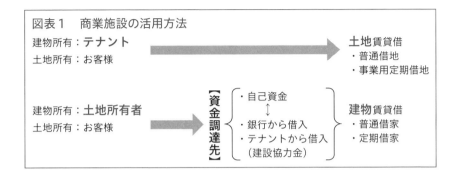

図表1　商業施設の活用方法

建物所有：**テナント**　　　　　　　　　　　　　　土地賃貸借
土地所有：お客様　　　　　　　　　　　　　　　　・普通借地
　　　　　　　　　　　　　　　　　　　　　　　　・事業用定期借地

建物所有：**土地所有者**　　　【資金調達先】　・自己資金　　建物賃貸借
土地所有：お客様　　　　　　　　　　　↕　　　　・普通借家
　　　　　　　　　　　　　　　　　・銀行から借入　・定期借家
　　　　　　　　　　　　　　　　　・テナントから借入
　　　　　　　　　　　　　　　　　（建設協力金）

建設協力金方式と呼びます。ただし、これも返済義務がある負債であることに変わりありません（**図表1**）。

　一般的な賃料水準（地代・家賃）は安い順から、「土地貸し＜建設協力金＜自己（銀行等からの借入）資金」の順となります。

　※　事業用定期借地権…専ら事業に用いる建物の所有を目的として、かつ存続期間10年以上50年未満で設定する借地権。

◆　　長期的にテナントが入居し続けるかがカギ　　◆

　商業施設の建設による土地活用を検討する場合、留意すべきは、**長期的にテナントが入居し続けるか**、という点に尽きます。

　テナントの撤退は、そのビジネスモデルが対象地では成立しないという要因から起こることが多いと言えます。

　生活道路沿いでコンビニ店舗仕様の建物に、マッサージ店や中古車販売店等が出店しているケースも散見されますが、これはコンビニが撤退したあと、同業の物販店が入居しないため、他業態のテナントに賃貸しているケースだと考えられます。当然ながら、賃料は当初の想定よりも相当程度安くなってしまいます。

　特に建設協力金方式でテナントが期間内に撤退した場合、未返済（未

相殺）金額に対し返済義務が残ります。これは「期間中途解約時の残債免除」規定を契約書面に盛り込むことでヘッジできますが、債務免除益に対し課税されるため、資金繰りは想定どおりとはなりません。

　また、テナント独自の設計・仕様が多く、新築時にテナント専用の商品棚のサイズや配列に合わせて柱の位置まで設計されていた事例もあり、撤退後の転用で次のテナント入居に支障が出ることもあります。

◆　　詳細設計の前に複数のテナント候補を探す　　◆

　商業施設という活用方法には、様々な市場要因や方向性が影響します。現在は商材によってはネット購入が主流となり、結果的に百貨店の撤退や商店街の衰退といった事態を招いています。

　より個別の状況で見ても、実際に道路を1本隔てると集客力に差異が生じますし、同じ建物内でも動線によって集客に繋がらないこともあります。繁華街でも、3階まではテナントに困らないが、それより上の階はテナントが決まらない、という事例も多数存在します。生活道路沿線で中央分離帯の位置によって商圏が半減することもあります（**図表2**）。

　商業施設による土地活用を進めるにあたっては、**詳細設計等に着手する前段階で「複数のテナント候補を探す」**ことが肝要です。

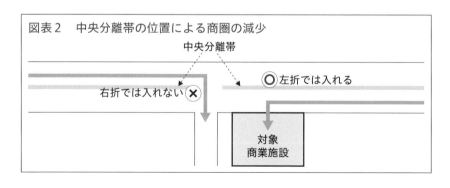

図表2　中央分離帯の位置による商圏の減少

中央分離帯

右折では入れない ✕

○左折では入れる

対象
商業施設

　仮に10社中1社しか出店希望がない場合、その1社が撤退したら次がないことを意味します。賃料コンペに実効性を持たせるためにも、この工程は重要です。

　当社で受けた生活道路沿いの土地の有効活用事業で、200件程度の事業会社の店舗開発部門に出店を打診したものの、多店舗系テナントは1社も出店できない、という回答を受けた土地があります。この事案は、仮に新築時に商業施設を出店させても将来的な入替時におけるテナント誘致に不安が残るため、住居系を提案しました。

◆　土地活用は「儲けるため」に行うもの　◆

　さらに特徴的なケースを2つ紹介しましょう。

　1つ目は、東洋一の歓楽街と呼ばれるエリアで駐車場付コンビニ店を誘致した例です。他社が8階建てを1つのテナントに賃貸する商業施設（建築費8億円）を提案してきましたが、撤退した場合の次のテナント誘致に問題が生じやすいため、平屋のコンビニ案に落ち着きました。

　参考までに投資額は約26倍の差異でしたが、負債返済・運営コスト控除後の手取額の差異は年間1,000万円以内でした。

　2つ目の事例は、入院ベッド数400床超の病院の正面に存する土地のケースです。結果的には処方箋薬局を誘致しましたが、薬局は取り扱う処方箋枚数によって利益が増減し賃料に反映されます。病院の正面に存する土地ならではのテナントと言えるでしょう。

　アパートやマンション等の居住用物件も同様ですが、土地活用の目的は節税効果や相続対策等ではありません。それは「儲けるため」に行うものです。

　対象地の適性を把握・判断する視点こそが重要で、商業施設の場合には特にこの判断力が顕著に反映されます。

複数の不動産を所有している

Q 親が賃貸マンションや駐車場、貸宅地等々、複数の不動産を所有しているのですが、全体として効率的な活用ができているのか判断できません。相続のことも気になります。今後についてどう考えたらいいでしょう。

A 地主の皆さんの多くは、単一の不動産だけを所有しているわけではなく、自宅、駐車場、生産緑地、賃貸マンション、商業施設、共有不動産、貸宅地、老朽化アパート、市街化山林、別荘等々…、複数の不動産を様々な利用形態で所有されています。

そうした**多様な不動産所有の形態を考慮せずに、一面的なスキームで相続設計や不動産活用を行うと、それにより資産全体の視点からは悪影響が生じることも起こりかねません。**

例えば、「相続対策として駐車場に賃貸物件を建てましょう」「古い賃貸物件を売却して築浅賃貸物件に買い替えましょう」「2022年が来たら生産緑地を解除しましょう」などはありがちな提案ですが、実際には、「駐車場は納税に充てる必要があった」「今以上に収益力を向上させる必要性が乏しい」「生産緑地だけの問題ではなく、資産全体を考える必要があった」という事例は少なくありません。

複数の不動産を所有している地主さんの場合は、**まずは資産の全体像を把握する必要があります。**そしてその手法としては、**不動産ポートフォリオをマネジメント**することが有効となります。

これは所有不動産のバランスを分析・把握する手法で、その判断の視点は複数考えることができますが、一番シンプルなものが「収益性」と

「流動性」という基準でしょう。

　もちろん個々の不動産によっても差異はありますが、以下では一般論で話を進めます。

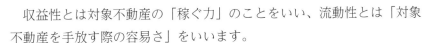

収益性と流動性の観点から不動産を４つに分類

　収益性とは対象不動産の「稼ぐ力」のことをいい、流動性とは「対象不動産を手放す際の容易さ」をいいます。

　不動産を手放す手法には、売却以外にも相続税の物納という手法が納税者には認められているため、物納要件を満たせるかどうかの可能性も検討します。

　この収益性と流動性に影響を与えるのが、権利関係や法令上の制限、不動産活用手法や税制ということになります。**図表１**は、その収益性を横軸に、流動性を縦軸に置いて、不動産を分類したものです。

①残す不動産

「残す不動産」とは、収益性も流動性も共に高い不動産を指します。いわゆる良い不動産と言え、代表例としては自宅等が該当します。

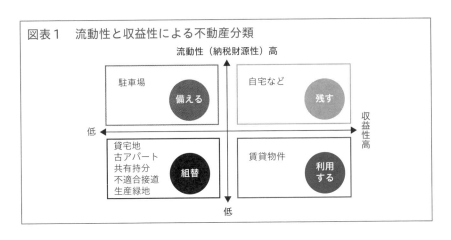

図表１　流動性と収益性による不動産分類

「自宅は稼いでいない」という見方もありますが、賃貸に供したら月額20万円の賃料を稼げるかもしれません。郊外型地主の自宅の場合には、商業施設を誘致すれば月額100万円を超える賃料を稼げる可能性もありますから、潜在的な収益性は高いと言えるでしょう。また、手放すに際しても所有者自身が退去すればよいため、早期の売却も可能と言えます。

②利用する不動産

「利用する不動産」とは、収益性は高いが流動性が若干低い不動産を指します。代表的には賃貸物件が該当します。もちろん、物件ごとに収益性は異なるため一括りでは判断できませんが、ここではイメージとして捉えていただければと思います。

③備える不動産

「備える不動産」とは、収益性は低いが、流動性が高い不動産を指します。駐車場や更地がこれに該当します。これらは、借地権や借家権等の第三者の権利が付着していないため手放す際の障害が少なく、流動性は高いと言えます。

　収益性に関しては、駐車場代が入ってくるにせよ、固定資産税等の小規模住宅用地の減免措置がなく、住宅用地の6倍等の保有コスト負担があります。そのため、収益性は低くなります。

④組み替える不動産

「組み替える不動産」とは、収益性と流動性が共に低い不動産を指します。毎年の維持費や固定資産税等の保有コストが高く、承継コストとしての相続税等も高いにもかかわらず手放しにくい不動産のことで、地主の皆さんにとっては悩みの種と言えるでしょう。

　代表例としては、共有地・貸宅地・老朽化アパート等々が該当します。つまり、本書で地主の皆さんの悩み事として記載されている内容の大部分が、この組み替える資産に該当すると言えます。

　こうした不動産ポートフォリオの分析を行うと、資産の全体像が把握

できるようになります（**図表2**）。

図表2　不動産のポートフォリオ分析の結果（例）

古貸家　古貸家　古貸家

古アパート　貸宅地

アパート　貸宅地　貸宅地　貸宅地

アパート　自宅

当初考えていた納税用地

間口の狭い畑

アパート

生産緑地

残す
利用する
備える
組替

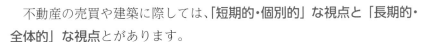

不動産を売却する際の2つの視点

　不動産の売買や建築に際しては、「**短期的・個別的**」な視点と「**長期的・全体的**」な視点とがあります。

　例えば、相続税や借入金の支払い等、何らかの資金需要に基づいて不動産を売却する時には、短期的・個別的視点に基づいて、手間が掛からず売却しやすい不動産や、早期に高値で売れる不動産から売却することになります。

　これに対して、長期的・全体的な視点に基づいて売却する場合には、収益性の低い不動産や将来性の低い不動産から売却します。

　これを次ページの**図表3**のような事例で検証してみます。所有不動産

図表3

財産形態

| 貸宅地 | 駐車場 | 稼げない
古アパート | 稼げる賃貸
マンション | 自宅 |

の内容は、貸宅地・駐車場・稼げない古アパート・稼げる賃貸マンション・自宅です。これを前述の不動産ポートフォリオの考え方に基づいて色分けをすると、自宅は「残す資産」で、稼げる賃貸マンションは「利用する資産」、駐車場は「備える資産」となり、貸宅地と稼げない古アパートは「組み替える資産」となります。

　短期的・個別的な視点に基づいて不動産を売却する場合には、「不動産の売却」という視点だけを重視することになり、早く・確実に・高く売る方向性で検討することになります。

　もちろん、この考え方は経済合理性に基づきますから、悪い選択肢ではありません。この視点に基づくと駐車場・稼げる賃貸マンションを売却することになりますが、その結果として売却後の資産構成は、貸宅地・稼げない古アパート・自宅となります。

　一方、長期的・全体的な視点に基づいて不動産を売却する場合には、早く・確実に・高く売るという選択基準だけではなく、**「売却後の全体資産の状況」までを重視して売却するべき資産を決定する**ことになります。その結果として売却後の資産構成は、駐車場・稼げる賃貸マンション・自宅となります。

◆　組替えは収益性や流動性の低い資産から　◆

　それではこれらを**図表4**で比較してみましょう。どちらの資産状況が

将来的に良い方向と言えるでしょうか。

　短期的・個別的な視点での売却は、売却前の資産構成に比べると収益性や資金繰りが低下していることが容易に想像できます。また、自宅以外の不動産は流動性が低い資産ですから、仮に資金需要が生じた場合には自宅を手放さざるを得ない、という状況に陥ることもあり得ます。

　長期的・全体的な視点での売却は、売却前の資産構成と比べても収益性や資金繰りは低下していません。むしろ収益効率（資産利益率など）は向上していると言えるでしょう。また、駐車場などの流動性が高い資産も所有している状況ですので、仮に資金需要が生じた場合にも自宅を手放すような状況には陥りにくい、と言うことができます。

　不動産ポートフォリオを把握したうえで、収益性や流動性の低い資産から「組み替えていく」という重要性がイメージいただけると思いますが、これは、将来的な資産の全体像に対する方向性を導いていく工程である、と言うことができるのです。

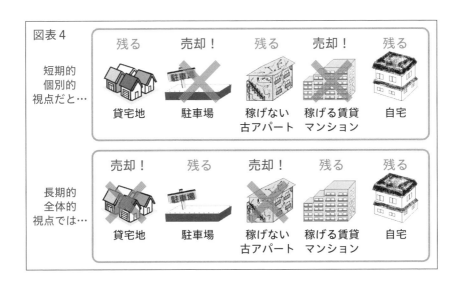

図表4

短期的個別的視点だと…
残る　貸宅地
売却！　駐車場
残る　稼げない古アパート
売却！　稼げる賃貸マンション
残る　自宅

長期的全体的視点では…
売却！　貸宅地
残る　駐車場
売却！　稼げない古アパート
残る　稼げる賃貸マンション
残る　自宅

悩み5

相続に備え、どんな検討が必要？

Q それなりの年齢になってきたので、そろそろ相続について考えたいと思っているのですが、具体的にどのような対策が必要なのか、また、手始めに何をどう検討すればいいのか、よくわかりません。

A 相続に備え、対策として検討（「相続設計」と言います）しておくべきことは大きく言って3つあります。**「納税財源の確保」「財産の移転」「評価の引下げ」**です（**図表1**）。

これらの対策は密接に関係していますので、ひとつだけに偏った対策を行うとバランスを崩す可能性があります。順に解説していきましょう。

◆ 相続税を納めるための財源をどう確保するか？ ◆

①納税財源の確保対策

「納税財源の確保」というのは、文字どおり、相続税を納めるための財源をどう確保するかということです。

例えば、納税額が1,000万円であれば、納税資金を現預金から捻出するか、死亡保険金で賄うか等を検討すれば足りますが、納税額が1億円だと、手持ちの現預金や死亡保険金では賄えない可能性もあります。

その場合、所有不動産の一部を売却することも考えられますが、納税は相続発生から10ヵ月以内に行わなければなりません。その期間内に現金化しなければならないとなると、その10ヵ月の間に必ず売却できる不動産、例えば、立地や地形の良い土地や収益力のあるビルなど、い

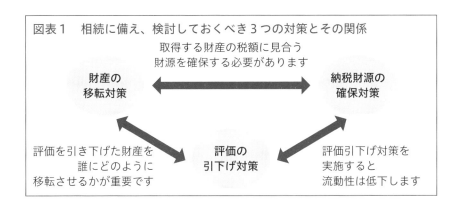

図表1　相続に備え、検討しておくべき3つの対策とその関係

取得する財産の税額に見合う
財源を確保する必要があります

財産の
移転対策

納税財源の
確保対策

評価を引き下げた財産を
誰にどのように
移転させるかが重要です

評価の
引下げ対策

評価引下げ対策を
実施すると
流動性は低下します

わゆる「良い財産」を手放すことになりやすく、結果的に「悪い財産」（例えば、無道路地〈道路に接してない宅地〉や貸宅地など流動性・収益性が低い財産）が残ることになりかねません。

　そうしたことにならないよう、納税資金をどう確保するかについて、事前によく検討しておく必要があるわけです。

　納税財源の確保について考える場合には、同時に、どの財産を子や孫の世代に残すかという「承継対策」も検討することになります。**所有している財産を、子や孫に「残すべき財産」と、納税によって「手放す」財産に分類**するわけです。

　その際には、無道路地や貸宅地など、保有し続ける優先順位の低い財産を物納によって手放すという選択肢も考えられます。

②財産の移転対策

「財産の移転対策」というのは、財産を子や孫がどうやって分けるのかに関する対策です。これは、複数の不動産を所有されている方にとっては、特に難しい問題となります。

　なぜなら、相続財産が現預金のみであれば子どもたちは簡単に分けることができますが、不動産の場合には、一棟のアパートを2つに分ける

というわけにはいきません。自宅以外に、駐車場、山林、農地といった様々な利用形態の個別性が強い財産がある場合は、それらも平等に分けることは容易ではありません。

　また、不動産の価格は、一物四価というように、実勢価格以外にも固定資産税、相続税の算定など目的によって価格が異なるだけでなく、同じ評価額の不動産でも地型や立地条件、収益力が異なることで、資産価値が違いますし、相続人の感情的な思い入れ等によって価値観が異なる場合も少なくありません。

　そのため、**個別性の強い複数の不動産のバランスをとるには「調整財源」を確保することも必要となります。**

　例えば、同じ評価額の自宅と山林を長男と二男が相続する場合、山林を受け取る子どもに現預金を多く渡したり、あらかじめ生前贈与をする等の調整をすることで、円滑な遺産分割が可能となります。

　つまり、不動産を複数所有するオーナーにとって、相続しやすい財産構成にするためには、**調整財源をどのように確保するかがポイント**となるのです。

　賃貸収入の一部を生命保険で積み立てたり、生前贈与などを時間をかけて行うことが、財産移転対策では重要となります。

③評価の引下げ対策

「評価の引下げ対策」というのは、評価を下げて相続税の負担を減らす対策です。具体的には、財産そのものを減らす方法と、異なる相続税評価の基準を利用する方法の2つの対策が考えられます。

　まず、財産そのものを減らす対策の代表的なものとしては、**生前贈与**があります。親から子・孫に対して一定の財産を生前に贈与する対策です。

　年間110万円（贈与税の基礎控除額）を超える額の贈与は贈与税の課

税対象となりますが、**将来の相続税率が高い場合には、贈与税を負担してでも、多くの財産を贈与したほうが結果的に税額が軽減できる場合があります。**

　異なる評価基準を利用する対策としては、建物を建築することで評価を引き下げる対策が挙げられます。代表的なものとしては、**アパートや自宅を新築することで相続税の評価引下げを行う**というものがあります。

　土地の相続税評価額は、対象地の前面道路の路線価を基に算出され（所在地によっては固定資産税評価額に一定倍率を乗じた数字）、賃貸物件の敷地の場合には、貸家建付地として更地価格より２割程度評価額が下がります。

　建物の相続税評価額は固定資産税評価額が基準となり、一般的には建築費の５〜６割程度です。この建物を賃貸に供した場合には、貸家評価となり固定資産税評価額から30％の評価減を受けます。

　具体的な数字で言うと、１億円の更地に１億円で建物を建てた場合、土地は貸家建付地として約8,000万円の評価額になり、建物は約3,500万〜4,200万円程度（１億円×50〜60％×▲30％）となるのです。建物は経年によって固定資産税評価額が減額していきますので、さらに相続税評価額は下がっていきます。

　ただし、多くの場合、建築費は金融機関等からの借入によることが多いため、**建築後の収益対策が重要**となります。アパートを建築することによって相続税は軽減されたが、収益が赤字となって資産が目減りしてしまうというような本末転倒にならないように、立地に適した建物の建築計画を行うなどの対策が必須となります。

◆　全体を把握していない安易な対策は失敗する　◆

　これらの３つの要素はそれぞれが密接に絡み合っているので、偏った

対策を行うと弊害も起こりかねず、注意が必要です。

　例えば、「評価引下げ対策」を目的として更地にアパートを建築した場合、相続税は下がりますが、更地と比べて流動性が低下するため、納税するための財源にはなりにくくなります。さらには、子どもたちで分けるという点では、建物を利用している土地となるために、分割しづらい財産となってしまいます。

　つまり、**全体を把握せずに安易に対策を行うと、それ以外の要素に悪影響が生じてしまい、結果的には相続対策に失敗するということにもな**るのです。

◆　行うべき対策は資産の規模で判断　◆

　以上のような３つの相続対策のうち、**どの対策を行えばいいかについては、まずは資産の規模で判断**します。

　ここでは、「パターン①＝相続税を気にしなくていいくらいの資産規模」か、「パターン②＝少し相続税が発生するが、対策でゼロ近くになる」か、それとも、「かなりの相続税が発生しそう」かにより３つのパターンに分けて、必要な相続対策を考えてみましょう（**図表２**）。

＜パターン①＝相続税を気にしなくていいくらいの資産規模＞

　この方は相続税がかからないので、評価引下げ対策や納税財源の確保対策は必要なく、財産移転対策のみを考えることになります。

　例えば、自宅と退職金を２人の子どもに喧嘩せず相続させたいのであれば、退職金を調整財源として残そうと、それには手を付けずに老後を細々と暮らすというよりは、退職金を使って老後を豊かに過ごし、残った自宅を子どもたちが売却してお金で分けるというような考え方でもよいかもしれません。

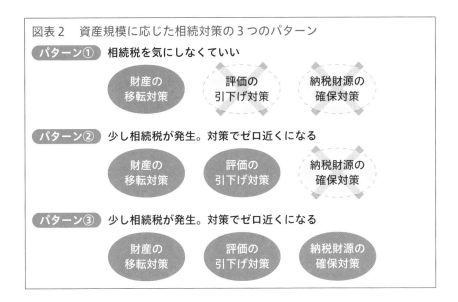

図表2　資産規模に応じた相続対策の3つのパターン

つまり、このパターン①の方は、相続対策はあまり気にしなくてもよいと言えます。

＜パターン②＝少し相続税が発生するが、対策によってゼロに近くなるくらいの資産規模＞

このパターンの方は、まず、どの程度まで評価の引き下げを行うかを考えて、まだやっていない「評価引下げ対策」があれば、「財産移転対策」を考慮しながら行うことが重要となります。

例えば、生命保険の非課税枠（※）が残っている場合には、現預金を生命保険の死亡保障に組み替えたり、生前贈与を無理なく行うことにより、相続税がゼロに近くなれば、納税財源の確保対策の必要性は少なくなります。

※　生命保険の非課税枠…相続人が受け取った死亡保険金のうち、「法定相続人の人数×500万円」までは相続税が非課税になるというもの。

＜パターン③＝かなりの相続税が発生する資産規模＞

　このパターンの方は、対策を行っても相続税がゼロにはならない規模の資産をお持ちの方です。こうした方は、**まずは納税財源を確保してから、財産移転対策や評価の引下げ対策を検討**します。

　相続税引下げに着目しすぎて、本来売却して納税財源にあてるべき財産に賃貸物件を建てた結果、納税すべき財源が不足するといったことがないように注意しなくてはなりません。

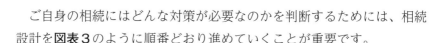

◆ 財産の全体像を把握することから順番に進めていく ◆

　ご自身の相続にはどんな対策が必要なのかを判断するためには、相続設計を**図表3**のように順番どおり進めていくことが重要です。

　最初に財産の全体像をとらえて、その規模に応じた必要な対策を検討し、問題点を把握することで自身の資産に適した対策を行うようにします。

　例えば、相続税のかからない規模の方が、「納税財源の確保対策」や「評価引下げ対策」をすすめても無意味ですし、相続税の負担だけに着目して、所有している土地にアパートをいくつも建築し、結果的に、納税財源が不足することになっては本末転倒です。

　そうしたことのないよう、**相続対策は無理なく順番どおりに進める**ようにしましょう。それが、大切な資産を守るためのポイントです。

　また、「相続に備える」という意味合いは、単に相続税だけの問題ではありませんし、争族を避けるだけでもありません。生活資金や生活拠点、さらには収益向上や経営面等も考慮する必要が生じてくるケースも多いものです。

　ご参考までに、相続対策の効果を享受するタイミングは、本人の立場では人生で1回限り。子どもの立場でも、父親が亡くなったときと母親

図表3　相続設計の手順　4つのステップ

ステップ①　**全体財産評価額を把握する**

・不動産の評価額はいくらか
・受取生命保険金はいくらか
・自社株評価はいくらか
・その他の財産はいくらか

ステップ②　**自身が「パターン①～③」のどれに当てはまるか**

パターン①＜相続税を気にしなくていい場合＞

パターン②＜少し相続税が発生しそうだが、対策によりゼロに近くなる場合＞

パターン③＜かなりの相続税が発生し、第一に納税財源を確保する必要がある場合＞

ステップ③　**現状での問題点を把握する**

・相続設計の3要素（納税財源の確保対策、財産の移転対策、評価の引下げ対策）
・納税財源の不足
・収益性の改善
・分けにくい財産構成など

ステップ④　**対策案の検討と実行、見直し**

・自身の事情に合った対策案の立案
・現実的なプランと実行力
・実行ごとの検証と効果の確認

が亡くなったときの2回だけです。

　相続への対策も重要ではありますが、過度な対策を行う必要性は低い
と考えてもよいでしょう。

土地の共有状態を解消したい

Q 共有名義になっている土地があります。今後、この土地を有効活用するか、もしくは売却することを考えているため、早めにこの共有状態を解消したいと思ってます。それにはどのような方法があるでしょうか。

A 共有名義とは、1つの不動産全体を複数の人々で所有している状態を言います。全体を所有するので、どの部分が誰のものということではありません。

共有が問題となるのは、共有関係者の世代交代が起こるからです。

例えば、兄弟間の共有が時間の経過とともにいとこ（子）世代の共有になり、またいとこ（孫）世代の共有になり……と、時間が経過するにつれて共有者が次々に複雑化していきます。**数世代後の共有者は当初の共有者同士よりも関係性が希薄になるので、共有者全員の意思がまとまらないことも少なくありません。**

また、共有不動産は、利用していなくても持分に応じた固定資産税等の負担があり、共有者で連帯納税義務も負います。

共有不動産を賃貸に供する場合にも全員の合意が必要となるため、収益性・流動性が低くなりやすいことも問題です。

さらに、未利用不動産の共有持分も相続財産として評価されますので、組替えを検討すべき財産として位置づけられることも少なくありません。

共有の解決方法は、大きく分けると、持ち分を手放す人がその対価を「金銭で受け取る」か「土地で受け取る」かの2つになります。シンプルですが、利害関係者の意思を反映させながら調整する必要があります。

共有者全員が100％満足できる結果になればいいですが、当事者が増えるほどそれは難しくなります。当事者間では利害が対立するため、**調整に慣れている第三者を交えて話をまとめていくほうが現実的**と言えます。それぞれの解決方法を見てみましょう。

◆　「金銭で受け取る」のにも３つの方法が　◆

①金銭で受け取る場合

　金銭で受け取る方法には、次の３通りがあります。

（１）共有者同士で持分を売買する

（２）共有者全員で第三者へ売却し、持分に応じて代金を按分する

（３）単独で共有持分を第三者へ売却する

　（１）は、例えばA・Bの二者で共有しているとき、AがBに自分の持分を売却するということです。この方法は、売買諸条件に関して当事者が納得すれば問題ありません。

　ただし、**親子・兄弟等や、自分と自分の会社といった近しい関係者間の取引の場合には、売買金額に関して税務上の適正価格から乖離すると、「みなし贈与」の問題が生じるため留意が必要**です。

「みなし贈与」とは、本来の贈与ではないものの、著しく安い価格で不動産を売買したり、保険金の給付という形で財産の移転を行った場合などに、それを贈与に類するものとみなし、贈与税を課すものをいいます。

　（２）は、全員の合意が形成できれば可能となる手法です。売却代金について、例えば遺産分割に向けた調整用のお金として運用する余地も生じます。この場合の合意とは、単に「売却すること」に対するものだけではなく、金額や時期、誰に売却するのか等々、幅広い内容についての合意が必要となります。実務上ではこの部分が難しい点です。

　弊社での取扱い事案を例に挙げると、地元の名士といわれる医者が購

入希望者となった事案で、共有者5人のうち4人は合意に至ったものの
残り1人が納得せず話が流れたことがあります。

　良い話であったのに同意しなかった理由を後日尋ねたところ、「あの
医者は小学校の同級生だが、仲が良くなかったから」とのことでした。

　（3）の単独で共有持分を第三者へ売却する手法は、他所有者の同意
はおろか、事前・事後の通知も不要で、単独での売却が可能です。

　ただし、購入者は一般的なユーザーではなく、このような権利内容の
物件を好んで購入する不動産業者となるため、売買価格は一般的に取引
される土地単価と比較するとかなり安くなります。

◆　所有者をはっきりと分け、権利関係を明確化　◆

②土地で受け取る場合

　土地で受け取る方法には、共有物分割と持分交換の2通りがあります。

　共有物分割（図表1）とは、複数名で共有している一筆の不動産を共
有者の持分価値に応じて分筆して各々の所有地を作る手法です。

　ポイントは敷地をどう分割するかで、間口や地形によっては分割後の
敷地が非効率になる場合もあるため、**建築基準法等や各種条例等の法令**

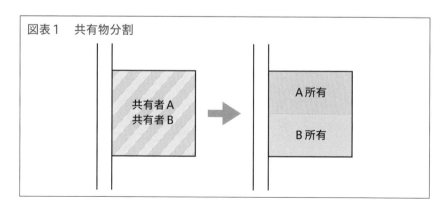

図表1　共有物分割

共有者A
共有者B

A所有

B所有

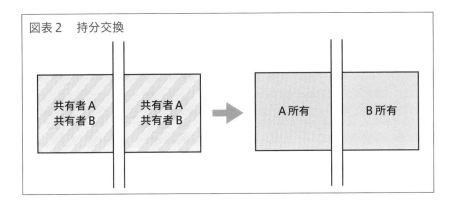

図表2　持分交換

共有者A
共有者B　　共有者A
共有者B　→　A所有　　B所有

制限に留意して、分割ラインを事前に検証しておく必要があります。

　共有物分割後には権利関係が明確化された不動産になるので、その後の活用方法等をイメージして分割を行う必要があります。

　持分交換（**図表2**）とは、複数の土地を共有している場合に、各々の持分を交換する手法です。当事者が合意すれば手続き上、交換自体は可能となります。

　ただし、この場合、譲渡所得税の問題が生じます。**税務上の固定資産の交換特例**（※）**の要件を充足していれば負担は生じませんが、充足していない場合は当事者双方に譲渡所得税の負担が生じます。**

　※　固定資産の交換特例…土地や建物などの固定資産を同種の固定資産と交換した場合、一定の要件を満たせば譲渡はなかったものとして課税されないという特例。

◆ 解決後の資産をイメージしスキームを組み合わせる ◆

　共有不動産の解決手法は様々ですが、実務上のポイントとしては、各種手法や税務特例に焦点を合わせてスキームを作るのではなく、**解決後の資産の利用方法をイメージしてスキームを組み合わせ、その後に税務特例等の要件を確認する**ほうが解決しやすいと言えます。

土地が相続登記されていない

Q 賃貸物件の建設による遊休地活用を考えています。ところが、その土地は相続登記がされておらず、まだ曽祖父の名義になっています。この場合、物件の建設はできないのでしょうか。どう対応したらいいですか。

A 相続登記が何らかの理由で行われておらず、名義変更がされていない土地は時おり散見されます。

このご相談は、名義変更がされていない遊休地の活用を考えているということですので、それには何が障害となり、どう解決すればいいかを考えてみましょう。

最初に相続登記までの流れを確認しておくと、**図表1**のようになります。こうした流れを踏まえ、相続登記が行われていない状況というのはどういう状況かと言えば、**図表2**の2つのうちどちらかだと言えます。

ケース①は、図表1の流れのうちⅠ~Ⅳまでは完了し取得者が確定し

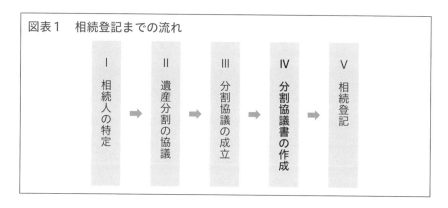

図表1　相続登記までの流れ

Ⅰ	Ⅱ	Ⅲ	Ⅳ	Ⅴ
相続人の特定	遺産分割の協議	分割協議の成立	分割協議書の作成	相続登記

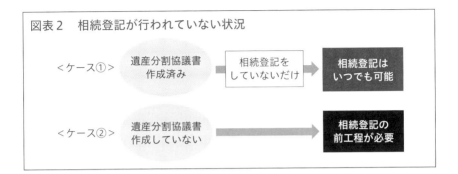

図表2　相続登記が行われていない状況

<ケース①>　遺産分割協議書作成済み　→　相続登記をしていないだけ　→　相続登記はいつでも可能

<ケース②>　遺産分割協議書作成していない　→　相続登記の前工程が必要

ているが、最後のVの相続登記だけが行われていないというもの。

　この場合は、いつでも相続登記手続きを行えます。例えば、相続登記関連の費用がもったいない等の理由で手続きをしていないというケースです。

　一方のケース②は、図表1のうちI～IVのどれかが行われていないため、取得者が確定しておらず、必然的にVの相続登記を行うことができないというものです。一般的には遺産分割協議自体が行われていない、または成立していないと考えられます。

　相談内容からは本ケースがどちらに当てはまるかは判断できないので、遊休地活用に際しては2つのケースを検証することになります。

◆　遺産分割協議が成立していれば建築は可能　◆

　次に遊休地の活用に関する流れを確認しましょう。その流れを示しているのが次ページの**図表3**です。このうちI～IIIは建築を考える人が単独で行える作業であるため、登記名義も遺産分割協議書の有無も問題とはなりません。ただし、実際に建築を進めるためには無権限で建築するわけにはいきませんから、何らかの土地の使用権限が必要となります。

　利用者の単独所有であれば本人の意思決定のみで足りますが、相続関

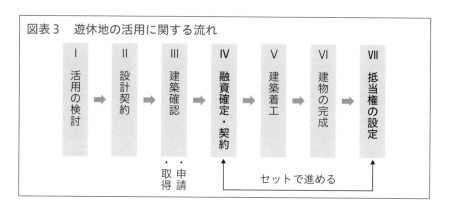

図表3　遊休地の活用に関する流れ

I	II	III	IV	V	VI	VII
活用の検討	設計契約	建築確認	融資確定・契約	建築着工	建物の完成	抵当権の設定

申請・取得

セットで進める

係者が複数いる場合など、**共有の場合は他共有者から使用貸借や賃貸借の同意を受ける必要があります**（図表4）。

　ただし、これらは当事者同士の問題であり、相続登記の有無とは無関係です。登記は第三者に対抗するためのものだからです。

　要約すると、**遺産分割協議が成立していれば、相続登記がなくても建築自体は可能です。また、共有状態（遺産未分割も含む）であっても、「他の共有者から無償で使用してかまいません」、または「借地権を設定してよい」という同意があれば、建築自体は可能となります。**

　ただし、現実的には遺産未分割の段階で、1名の関係者に対して他関係者が土地利用を承諾することは想定しにくいでしょう。

　さらに、現実的な問題として、活用資金の調達が困難となります。自

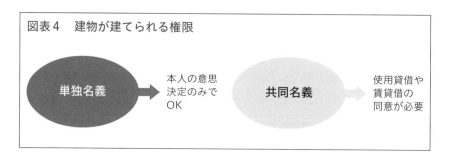

図表4　建物が建てられる権限

単独名義　→　本人の意思決定のみでOK

共同名義　→　使用貸借や賃貸借の同意が必要

己資金で建築する場合は問題ありませんが、融資を受ける際には金融機関が対象不動産に抵当権を設定する場合がほとんどです。登記には登記名義人の設定行為（実印と印鑑証明書）が必要となります。

　当然ですが、故人は設定行為ができませんから、現所有者への相続登記を経ることが必須となります。**つまり、相続登記を行わないと抵当権設定登記が不可能なため、融資は受けられない**、という結論となります。

　ご相談のケースは、曽祖父から祖父世代の相続人、祖父世代の相続人から親世代の相続人、親世代の相続人から相談者の世代と、3世代にわたる権利関係の明確化が必要ですが、3世代にわたって「遺産分割協議書は作成されているけど相続登記だけが未了」ということは想定しにくいでしょう。

　そのため、ご相談のケースは、図表2のケース②のパターンに当てはまると思われます。そう仮定すると、**まずは曽祖父以降の相続関係を解決し、その後でなければ土地活用は検討できない**、という結論になるでしょう。

相続登記を義務化する制度改正も審議中

　現段階では相続登記は任意であるため、相続登記を行っていない不動産も多く見られます。参考までに、50年以上も登記が移転されていない不動産は、大都市で約6・6％、中小都市・中山間地域で約26・6％存在します（平成29年法務省調査）。

　また、不動産登記簿のみでは所有者の所在が確認できない土地の割合は約20・1％（平成30年版土地白書）あります。

　今後、**相続登記未了の事案をなくすために、相続登記を義務化するための制度改正も審議されている**ところです（法制審議会第183回会議配布資料：民5）。）

悩み8

管理会社設立をすすめられた

Q 複数のアパートを経営しています。自身の資産管理会社の設立をすすめられているのですが、これはどういったものでしょうか。仕組みや、設立する場合の留意点を教えてください。

A 複数の賃貸物件を保有していると、所得税の節税や所得の分散を目的として、自身の資産管理会社の設立等をすすめられることがあります。

一般的に、資産管理会社を活用する手法には次の3通りがあります(**図表1**)。

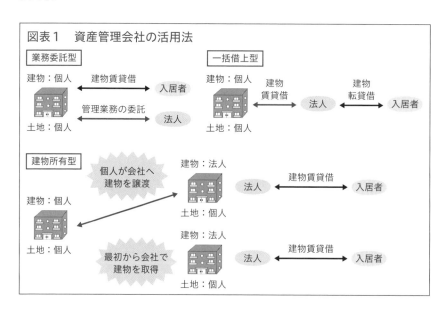

図表1　資産管理会社の活用法

46

①業務委託型

　個人で行っていた管理業務を、自身の資産管理会社に委託する方法です。委託先は変わりますが、自身や家族が資産管理会社の従業員として業務にあたるので、業務遂行面では実質的に大きな変更はありません。管理委託料は8％程度が多いようです。

②一括借上げ型

　所有者である個人が、自身の資産管理会社へ賃貸し、資産管理会社から入居者へ転貸する方法です。入居者が支払う賃料（原賃料）と転貸賃料の差額は20％程度が多いようです。第三者である外部の会社へ委託する場合とは異なり、**実質的には資金の内部還流**と言えます。

③建物所有型

　建物を資産管理会社で所有する方法です。新築時に会社名義で建築する場合と、個人名義の中古建物を取得する場合の2通りがあります。

　建物の賃料は会社が全額を受け取り、会社は土地所有者である個人へ地代を払います。

　この方法では、**土地利用権に関する課税関係が問題となります**。土地を使う権利（借地権）が法人に移転した（受贈益が発生）と考えられるのです。この点については、相当地代（更地価格の6％程度）の授受を行うか、無償返還届出書を提出するか、等の対処が必要となります（**図**

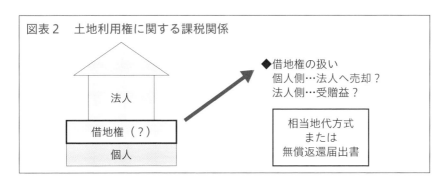

図表2　土地利用権に関する課税関係

法人

借地権（？）

個人

◆借地権の扱い
　個人側…法人へ売却？
　法人側…受贈益？

相当地代方式
または
無償返還届出書

表2）。

　また、相続時の財産評価面では、不動産だけでなく自社株式にも大きな影響があります。

◆　　　個人名義と法人名義のバランスをとる　　　◆

　一般的に建物名義に関しては、**相続効果**を指向する場合には個人、**所得効果**を指向する場合には会社のほうが、より大きい効果を得ることができます。実務的にはこれらのバランスをとることも重要で、ここでは応用スキームを2つご紹介します。

　1つ目は、複数棟の賃貸物件を持っているケースです。**新築物件は個人名義で建築し、現段階で築20年を超えているような既存建物を法人名義へ移転するスキーム**です（図表3）。

　新築物件を個人名義にするのは、相続効果が大きい側面があるからです。一方、築20年を超えるような物件は借入金返済や減価償却が終了している場合が多いですが、収入額が格段に減少するものではないため、建物を法人名義にする結果、収益の移転が図れるのです。

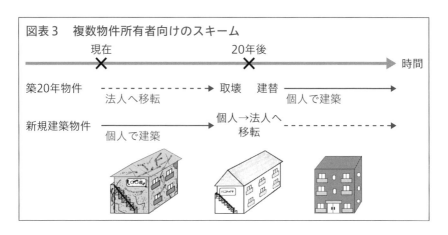

図表3　複数物件所有者向けのスキーム

このスキームでは、更に20年等経過後には、法人が取得した中古物件は築40年を超えることになるため取り壊し、築20年になる個人名義建物を法人に移転します。そして新たに建築する場合には、再度個人名義で建築する、という循環を行わせます。

2つ目は、店舗誘致が成立する場所でのスキームとなります。**1棟建物の店舗部分を法人で所有し、店舗以外の居住部分を個人名義で取得する区分登記スキームです**（**図表4**）。

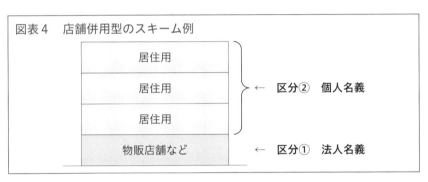

図表4　店舗併用型のスキーム例

店舗部分は居住用部分と比べると賃料水準が3倍以上となるエリアも多く、また、水回りや設備への投資が少なくてすむため投資額も安くなりやすく、収益性が高くなります。

一方で上階は一般的居住用物件のため、前述したように個人名義で相続効果を指向することになります。

このスキームでは事業主体とその収益性が複雑になるため、資金調達面がポイントになります。

◆ 会社の株式が相続で分散することへの事前対応も ◆

資産管理会社の活用時に相続が発生した場合、会社自体には相続の影響はありませんが、その会社の株式（自社株式）を相続する必要があり

ます。この際、自社株式に係る相続税は金銭で解決できますが（納税すればいい）、**株式の分散という面に関しては金銭だけでは解決できない問題点が生じます**。実際、最近は同族による資産管理会社の資本施策相談も格段に増えてきました。

　会社運営の基本的な話として、会社は取締役や監査役等の役員のものではなく、株主のものです。そのため、会社の意思は株主総会の普通決議によって決定しますし、重要な事項に関しては株主総会の特別決議が必要となります。また、少数株主も帳簿閲覧権や株主総会への議案提出権等の権利を有していますし、会社としても少数株主権等への配慮が必要となります。

　そのため、**相続によって資産管理会社の株式が分散することになれば、その運営に支障が出てくる可能性もあります**。

　これらを解決するため、種類株式（配当のみを受け、議決権を持たない株式等）を発行したり、法人の存続期限を定める等のスキームもありますが、**こうしたスキームを活用するには、株主総会の特別決議を行い、定款変更手続きを行うことが必須**となります。

　また、一定期間後に会社を清算させることを事前に決定しておく「存続期限の定めのある法人」という手法も可能ですが、この定めは設立時の定款で定めておく、またはある段階で定款変更を行う、という手続きが必要となります。

　こうした対応は、株式が分散すると手続きが煩雑になりますので、株式が分散する前（相続発生前）に行っておく必要があります。

コラム

管理会社のデメリット

　資産管理会社の活用に関する留意点は大きく言って２つあります。

　１つは、法人活用をする際に費用が増加する点です。会社設立時に各種手数料や登録免許税等が発生し、運営時には利益が出ていなくても法人住民税の均等割等の支払いが必要です。また法人の住所移転や法人代表者の住所移転、増資等の場合にも登録免許税がかかります。さらには、これらの登記手続きや各種税務関係の届出、法人税申告等の手続き等を司法書士や税理士等に依頼すると、その報酬が必要となります。

　もう１つは、自社株式も遺産分割の対象となるので、相続時の財産の分け方で問題が生じることがあるということです。不動産の共有に関しては本書でも他のページで取り上げていますが、管理会社の自社株式も同様で、この自社株式が分散すると自身の持分売買や資産の方向性に関する意思決定、会社運営や諸手続き等で、会社についても不動産の共有と似た状態が生じます。

　会社の意思決定は２段階の方法があり、通常の意思決定は株式の過半数で決定し、重要な事項は株式の３分の２以上の多数決で決定しますが、それとは別に、少数株主にも株主総会の招集権や帳簿閲覧請求権等が認められていますので、それに対する対応も必要です。

　つまり、「不動産の共有＋会社の共有」のような状態になると思ってください。そうならないためには、自社株式の分け方も事前に検討しておく必要があると言えます。

悩み9

相続手続きの流れが知りたい

Q 近い将来、相続が発生しそうなのですが、実際に相続が発生した際の手続きの流れは、どのようになるのでしょう。また、手続き等を頼む専門家は、どんな基準で選べばいいのでしょう。

A 実際に相続が発生した際の手続きは、「税金面の手続き」と「財産面の手続き」に大別できます（**図表1**）。

税金面の手続きとしては、相続発生後4ヵ月までに所得税の準確定申告を行う必要があり、相続発生後10ヵ月までに相続税の申告を行う必要があります。ただし、これらは所得がない方や、相続税の基礎控除内

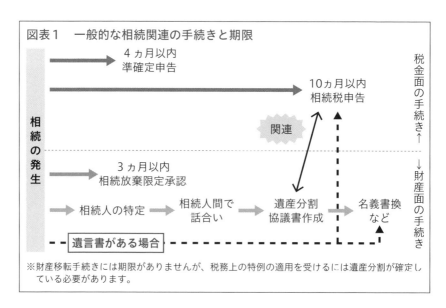

図表1　一般的な相続関連の手続きと期限

※財産移転手続きには期限がありませんが、税務上の特例の適用を受けるには遺産分割が確定している必要があります。

の財産を相続する場合には、手続きをする必要がありません。

　財産面の手続きとしては、相続人同士で協議を行い、遺産分割協議書を作成し、名義変更手続きを進めます。

　相続発生後3ヵ月以内に行わなければならない限定承認（※）や相続放棄の手続きを除くと、これらの手続きの期限は定められていません。

　ただし、遺産分割協議が成立していないと税務上の特例の適用を受けられませんので、**一般的には相続税の申告期限（10ヵ月）までに遺産分割協議を成立させるようなスケジュールで進めるケースが多い**です。

※　限定承認…相続にあたり、相続によって得るプラスの財産の範囲内で、債務などマイナスの財産を相続すること

◆　遺産分割の影響の検証に時間をかける　◆

　これらの手続きの中で、最も重要な工程は財産を分けるための話合い（遺産分割協議）と言えますが、それにあたっては各方面への影響を検証する必要があります（**図表2**）。

図表2　遺産分割で検証すべきこと（例示）

生活拠点	生活資金	
・自宅の名義 ・住むための権限 ・配偶者居住権	・年金など ・預貯金の取崩し ・定期的収入源	

親の介護	賃貸物件	生産緑地・農地など
・同居できるか ・バリアフリー化 ・費用の確保	・収入受領者は？ ・入居者の管理 ・建物の管理	・農地の将来像 ・農業従事者 ・相続税の納税猶予

登記等の誤謬	二次相続	事業承継
・現況と公図の相違 ・相続登記の未了 ・表示内容の誤謬	・財産移転 ・納税財源 ・評価引下げ	・自社株式の取得 ・経営の能力・適性 ・従業員、株主

例えば、高齢になった配偶者などには、安心して生活を送るための「生活拠点」と「生活資金」を確保する必要がありますし、それ以外にも、現実的に介護が行えるだけの空間や資金への配慮が必要です。

　生産緑地（8ページ参照）を所有している場合には次世代の農業従事者や納税猶予も検討する必要があります。

　事業経営者の場合には、そもそもそれが継承すべき事業なのか、継承者に経営能力や適性が備わっているのか、ということも現実的な検討課題となります。

　これらは単純に判断できるものではありませんし、経済合理性だけで判断する内容でもありませんので、**可能な限り、検証のための時間を長く確保したい**ところです。

　以上のような実務的要素を踏まえた相続発生後の流れは、**図表3**のようにまとめられます。

◆第1段階　財産の全体像を把握

　この段階では全体像を把握することが主目的になりますので、各財産に関して確定的な時価を把握したり、申告書に記載する相続税評価額を

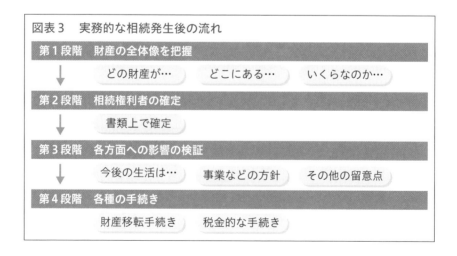

図表3　実務的な相続発生後の流れ

| 第1段階　財産の全体像を把握 |
| どの財産が…　どこにある…　いくらなのか… |
| 第2段階　相続権利者の確定 |
| 書類上で確定 |
| 第3段階　各方面への影響の検証 |
| 今後の生活は…　事業などの方針　その他の留意点 |
| 第4段階　各種の手続き |
| 財産移転手続き　税金的な手続き |

算出する必要はありません。この段階では、全体像を「可能な範囲で早く」把握するというスピードが重要となります。その理由は、この段階で把握した内容を基礎にして遺産分割や納税手法を検討していくことになるからです。

◆第2段階　相続権利者の確定

家族ですので、ほとんどの場合、相続権利者の把握はできていると思われますが、手続きとして書類上（戸籍等）で相続権利者を確定します。想定していた相続関係者とは異なる等のケースも稀に存在します。

◆第3段階　各方面への影響の検証

前述したとおり、すべての相続関係者が納得できる遺産分割を行えるよう、この工程には最も時間を割く必要があります。この工程が相続手続きの中で最も重要で難しく、個々の背景や価値観などに左右されるものです。

◆第4段階　各種の手続き

相続登記や名義変更等の財産移転手続き、各種の税務手続きを、各制度に則って進めていきます。一般的には、登記等は司法書士に、税務申告は税理士に依頼することが多いでしょう。これらは手続きですので粛々と進めていく内容となります。

◆ 関係者の事情を理解してくれている専門家に依頼 ◆

前述の「第4段階」で挙げた以外にも、相続に関する手続きには、弁護士や土地家屋調査士、行政書士や宅地建物取引士など、士業へ依頼する範囲が多いと言えます。

ただ、このように広範囲に及ぶ相続関連手続きをどの専門家に頼めばいいか、どんな基準で依頼先を決めればいいかと言うと、それは「どの分野の士業や専門家か」という基準ではなく、「誰が相続の全体像を知

っているか」という基準で選ぶことが正しいと言えます。

　というのも、相続分野以外の専業を持つ士業の中には、自身のその専業分野を優先して作業を進め、相続手続きを後回しにしてしまう人も散見されるからです。

　例えば、依頼を受けた税理士が財産評価一覧を作成するのに9ヵ月を要したため、相続人間で分割協議をする期間が1ヵ月にも満たなくなってしまったケースもあります。

　また、相談を受けた行政書士が不動産に関する相続税評価額と時価との差異について詳しくなかったため、評価額自体に疑念が生じ、遺産分割が長引いた事例もあります。

　さらには、他の相続人に最初から配達記録郵便を送り、相手方の感情を害してしまって話合いの場が持てなくなったケースなど、進め方を間違うことで揉めてしまう事例は多く存在します。

　相続登記や相続税申告等は単なる事務手続きに過ぎません。当事者にとってより重要なのは、遺産分割協議の様々なパターンを検証し、それをスムーズに進めるための段取りや工程管理です。

　また、相続人同士では多少なりとも利益が相反することは必然ですし、今までの経緯の中で感情のギャップ等も存在しているはずです。それらを調整し方向付けていくには、公正性や中立性も必要ですし、時には相続当事者が納得できるだけの経験や人生感に裏打ちされた意見が必要となることもあります。

　そう考えれば、**相続の先導役は、関係者の事情や感情を理解してくれて、円滑に調整（交渉ではない）を行える専門家に依頼する**ことが最も望ましいと言えるでしょう。

土地富裕層に関わる士業

　土地富裕層（地主さん）が直面する問題は多岐にわたり、様々な分野で下記のような士業（専門家）との関わりがあります。

- 宅地建物取引士…不動産の売買の仲介や、アパートの入居者募集、管理など
- 税理士…毎年の所得税確定申告や、相続税申告など
- 土地家屋調査士（測量士）…建物の新築、取壊し、分筆や境界確定など
- 弁護士…不動産の賃貸借、売買等、相続等での法的手続き
- 司法書士…不動産登記、法人登記
- 行政書士…遺言書作成、各種書類取得・作成など

　例えば、宅地建物取引士を例にすると、売買の仲介ができるだけでは不十分です。賃貸管理に秀でている必要もありますし、借地や共有、私道関係などの権利関係にも慣れている方が良いでしょう。更には相続時の物納に長けていることも望みたいですし、それに関わる他の士業との連携も任せたいですね。

　士業（専門家）の選択に際しては、専門分野の造詣が深いのはもちろんのこと、専門分野以外の視野や経験の広さや深さが、とても大事になってきます。

相続税を物納したいのだが…

Q 相続税の物納を考えていますが、最近はなかなか認められないという話を聞きました。有利な制度なのであれば、ぜひ利用したいのですが、物納が認められる何かいい方法はありますか。

A 相続税は、金銭で一括納付することが原則ですが、例外規定として、不動産等の一定の財産で納付する「物納」が認められています。

ただし、**物納が認められるのは、納付期限までに金銭で納付することが困難であり、かつ、延納（※1）によっても納付ができない場合に限られます。**

最初に、物納のメリットを整理しておくと、まず言えるのは、物納が認められれば、納税財源の選択肢が増えるということです。

相続税を金銭で納付するために不動産を売るとなると、相続発生から10ヵ月という限られた申告期限内に確実に現金化しなければならず、相場よりも安く手放さざるを得ないこともあります。物納であれば、そうした経済的損失を防ぐことが可能です。

物納で納める財産の価格（収納価格）は、原則として相続税評価額となります。所有者にしてみれば、売却にせよ物納にせよ不動産を手放すことに変わりありません。相続税評価額よりも低い価格で売却しなければならない場合と比較すれば、物納は、より多くの財産を守ることができ、財産を有利に手放す方法と言えます。

また、税金の面でのメリットもあります。

不動産を売って金銭で相続税を納める場合、その売却には、譲渡価格に応じて譲渡所得税が課税されます。しかも、相続税の取得費加算の特例制度（※2）が2015年に改正され、売却後の相続人の譲渡所得税の課税負担は実質的に増えました。物納であれば、この譲渡所得税負担はありません。

　このように、**物納は良い資産を残せる資産承継対策にもなり得るため、相続設計としては非常に有効な手法**だと言えます。

　ただし、物納制度は2006年に制度改正があり、利用のための要件が厳格になって、以前のようには簡単に認められなくなりました。不動産価格の上昇もあり、以後、物納申請件数自体も著しく減少してます。

　しかしながら、**物納制度は1941年の税制改正で認められて以降、今に至るまで存続している重要な手法です。これを活用しない理由はない**でしょう。

※1　延納…相続税を、納付期限までに金銭で一括納付できない場合に、担保を提供の
　　　うえ、年払いで分割納付すること。
※2　相続税の取得費加算の特例制度…相続した不動産を売却した場合、納めた相続税
　　　を取得費に加算できる制度。

◆ 許可限度額は厳格な計算手順が定められている ◆

　ここまで述べたようにメリットの大きい物納ですが、その申請にあたっては実務上、「金銭納付困難理由」と「物納の適用要件」を押さえておく必要があります。

　まず、物納申請にあたっては「金銭納付が困難であることの理由書」の提出が必要です。

　先にも述べたように、2006年に相続税の延納・物納制度が改正され、税務署に提出する金銭納付困難理由書についても計算方法がより厳格なものとなりました。ポイントは次のとおりです。

①納付期限までの納付可能額の算出にあたって、換価容易な財産がプラスされる一方、生活費は3ヵ月、事業経費などは1ヵ月分だけしか差し引けない。

②生活費月額を具体的に定めており、申請者以外の親族に収入がある場合には、その金額に見合う範囲内の生活費はマイナスできない。

③臨時的支出は、子供の将来の入学費用や結婚費用というような不確実なものではなく、概ね1年以内に発生が見込めるものに限る。

　納付すべき相続税額から納付期限までの納付可能額を引いたものが**「延納許可限度額」**となり、さらにそこから延納で納付することができる金額を引いたものが**「物納許可限度額」**という計算になっています。

◆　金銭納付困難理由を満たすための戦略を　◆

　では、金銭納付困難理由の要件を満たし、物納を認めてもらうには、どのような対策を講じる必要があるのでしょうか。

　例えば、物納に充当する財産として不動産を確保しておこうと考えた場合、**まずは金銭納付困難理由を満たすための戦略が欠かせず、合わせて物納対象となる不動産の整備も必要となります。**

　物納が認められるために、生前にどのように資産を組み替えておけばよいのか、具体的に検討してみましょう。

　国税庁が公表している「相続税の物納の手引き」によれば、納税にはまず、換金可能な金融資産、もしくは解約が容易な金融資産を充てるように記載されています（解約が可能な金融資産とは、解約によって不利益を受けない性質の金融資産ということ）。

　さらに、納付期限までに納付することができる金額については、納税者（相続人）固有の現金・預貯金等の金額を含めて算出するよう記されています。言い換えると**「納税者（相続人）固有の金融資産が大きい場**

合には、それを物納許可限度額から引く」ということです。

　例えば、生命保険の被保険者が被相続人（親）で、受取人が相続人（子）のケースでは、受取生命保険金は相続人（子）固有の財産となるため「物納許可限度額」から差し引く、つまり、実質的には現金で納付することになります。

　これを、契約者が被相続人（親）、被保険者が相続人（子）、受取人が被相続人（親）の場合で考えてみましょう。

　相続人が相続の際に受け取るのは生命保険金という現金ではなく、保険金を将来受け取る権利（生命保険契約者の地位）となります。すると、解約して現金化することは可能ですが、将来受け取る予定の金額はその時点で減ることになります。保険商品によっても異なりますが、一般的には金額の大きい順に、将来受け取る予定の保険金＞解約返戻金＞支払保険料となるからです。

　将来受け取る予定の金額が減れば、相続人に不利益が生じます。こうした理由から、「この生命保険契約は『解約可能な金融資産』『解約が容易な金融資産』ではない」という主張ができる可能性が高くなります（次ページの**図表１**）。

　ほかにも、遺産分割による調整が考えられます。前述の金銭納付困難理由では「相続人固有の金融資産が大きい場合には、物納許可限度額から引く」となっていますが、**複数の相続人がいる場合、それぞれの相続人が受け取る遺産内容によっては物納可能性が高くなる場合があります。**

　例えば、被相続人（親）の財産が自宅と貸宅地と現預金という例で考えてみましょう（63ページの**図表２**）。

　仮に、相続人Ａ（子）が自宅と現金、相続人Ｂ（子）が貸宅地と現金という遺産分割を行ったとします。貸宅地が物納適用要件を満たしている場合、相続人Ｂが物納申請を行うと、相続人固有の財産である現金があるため、現金から優先的に納付することになります。

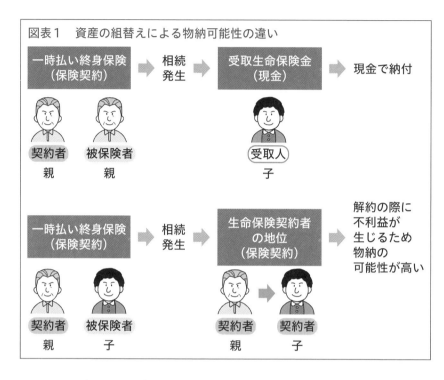

図表1　資産の組替えによる物納可能性の違い

一時払い終身保険（保険契約） ➡ 相続発生 ➡ 受取生命保険金（現金） ➡ 現金で納付

契約者　親　被保険者　親　　受取人　子

一時払い終身保険（保険契約） ➡ 相続発生 ➡ 生命保険契約者の地位（保険契約） ➡ 解約の際に不利益が生じるため物納の可能性が高い

契約者　親　被保険者　子　　契約者　親　➡　契約者　子

　ですが、相続人Ｂが相続する現預金を事前に生命保険契約の権利に組み替えておけば、相続財産は自宅・貸宅地・生命保険契約の権利となるため、相続人Ｂが受け取る貸宅地で物納できる可能性が高くなります。

◆　物納NGの解消にかかるコストも勘案する　◆

　不動産の物納は、すべての不動産について認められるわけではなく、一定の要件を満たしている必要があります。制度上は、原則として物納が認められない**「物納不適格財産」**と、ほかに物納に充てるべき適当な財産がない場合に例外的に認められる**「物納劣後財産」**が規定されています。

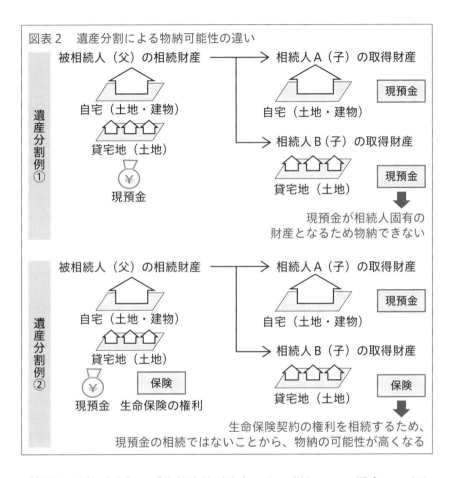

図表2　遺産分割による物納可能性の違い

遺産分割例①

被相続人（父）の相続財産 → 相続人A（子）の取得財産

自宅（土地・建物）

貸宅地（土地）

現預金

相続人A（子）の取得財産

自宅（土地・建物）　現預金

相続人B（子）の取得財産

貸宅地（土地）　現預金

現預金が相続人固有の財産となるため物納できない

遺産分割例②

被相続人（父）の相続財産 → 相続人A（子）の取得財産

自宅（土地・建物）

貸宅地（土地）

現預金　生命保険の権利　保険

相続人A（子）の取得財産

自宅（土地・建物）　現預金

相続人B（子）の取得財産

貸宅地（土地）　保険

生命保険契約の権利を相続するため、現預金の相続ではないことから、物納の可能性が高くなる

「物納不適格財産」や「物納劣後財産」となる例としては**図表3**のようなものがありますが、これを整理してみると、物納適格とされる要件は物理的要件と人的要件に分けることができます（**図表4**）。

　物理的要件は隣地買収や土留め等の作業を行うことでクリアできる場合もありますが、そのためにかかるコストとのバランスを検討する必要があります。**物納するための整備費用が納税額を上回ってしまうようでは本末転倒**だからです。

図表3　物納適格要件の例

物納不適格財産の例	物納劣後財産の例
・権利で揉めている 　（争いがある） ・境界が明らかでない ・借地人が不明 ・2名以上の共有に属している 　　　　　　　　　　　　　　など	・自宅や事業に供されている 　敷地 ・不適合接道路土地 　（再建築不可） ・市街化区域以外の土地 ・農業振興区域内の土地　など

図表4　物納適格要件の性質

物理的な要件	人的な要件
・崖地などは不可 ・無道路地は不可 ・現状維持のため修理を 　要する不動産は不可 ・維持管理に特殊技能が必要	・抵当権などが付いてると不可 ・所有権で争っていると不可 ・借地人が不明だと不可 ・境界が明確でないと不可 ・借地契約が円滑でないと不可
土地買収、土留め等で 要件を満たせるが コストとの対比が必要	関係者との交渉や人間関係で 解決の可能性がある

　また、人的要件は利害関係者との交渉で解決できる部分もあります。交渉により解決する可能性があるのであれば、物納を検討する価値があると言え、結果として良い資産を承継できる可能性が高くなります。

　なお実務では、物納申請後に、電柱の移設、越境物の撤去、借地関係の整備、廃棄物の搬出など、様々な補完事項を指摘されることがあります。これらをすべて解決できると、相続税の納税として収納許可を受けることができます。

◆ 良い不動産・悪い不動産を国税は判断しない ◆

物納について、多くの人が誤解していることがあります。それは、「国は良い不動産しか物納を許可しない」「東京と違って、地方では物納は難しい」といった話です。

確かに、物納不適格財産・物納劣後財産に該当しない不動産は一般的に良い物件といえますが、物納要件に「良い不動産に限って収納許可する」旨の記載は一切存在しません。そもそも「良い」「悪い」といった主観的な判断は、税務当局がすべきことではないからです。また、相続税は国税の管轄であり、地域による適用や取扱いの差異はありません。

つまり、**物納の可否は、物納要件や補完事項という客観的な条件を満たすか否かで決まる**ものなのです。

前述しましたが、物納制度は1941年に認められて、以後80年近くも存続している制度です。存続している理由は、「納税者にとっても税務当局にとっても必要な制度だから」と言えます。

納税者の立場で考えれば、「将来性が高い」「使い勝手が良い」と思えるような〝良い〟不動産を次世代に残し、そうでない不動産を納税財源に充てることが財産の承継対策につながります。

遺言書は書いたほうがいい？

Q 遺言書を書くことをすすめられています。遺言書は作成したほうがいいのでしょうか。どんな効果があるのでしょうか。遺言書を書くことにより、悪い影響が出ることはないのでしょうか。

A 民法上は明確な定義がないのですが、一般的に遺言書とは、故人が自らの死後の法律関係を定めるため、意思表示として遺した文書を言います。

遺言書の主な種類としては、**自筆証書遺言、秘密証書遺言、公正証書遺言**があります。最近の法律改正では、自筆証書遺言の財産目録をパソコン等で作成することが認められるようになったり（詳細要件あり）、自筆証書遺言を法務局で預かる制度（令和2年7月10日施行）もできました。

遺言書は相続発生後の業務の中で**「財産名義の移転」に効力**を持ちます。通常の場合、「財産名義の移転」は、①書類（戸籍）上で相続人を特定、②相続人間で財産等について話し合う、③話し合いが成立したことを証する遺産分割協議書を作成、④個々の財産の名義移転、という流れになります。

これに対し、遺言書がある場合には、遺言の種類によって差異がありますが、前述の流れのうち一部または全部を割愛できます（**図表1**）。

自己保管の自筆証書遺言の場合だと、まず、遺言書の存在を相続人に知らせるとともに遺言書の内容を明確にして偽造・変造を防止するための手続きである検認を行います。参考までに、検認は遺言内容の有効・

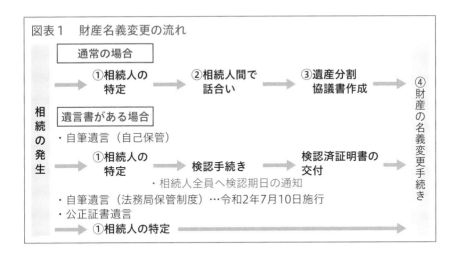

図表1　財産名義変更の流れ

通常の場合

相続の発生 → ①相続人の特定 → ②相続人間で話合い → ③遺産分割協議書作成 → ④財産の名義変更手続き

遺言書がある場合

・自筆遺言（自己保管）

①相続人の特定 → 検認手続き → 検認済証明書の交付

・相続人全員へ検認期日の通知

・自筆遺言（法務局保管制度）…令和2年7月10日施行
・公正証書遺言

①相続人の特定

無効を判断する手続きではありません。

　この検認手続きを経て、検認済証の交付を受け、前述の「④個々の財産の名義移転」、という流れになります。

　公正証書遺言と、法務局保管の自筆証書遺言の場合は、前述の検認手続きと検認済証の交付が不要となり、遺言内容に基づいて「④個々の財産の名義移転」が行えます。

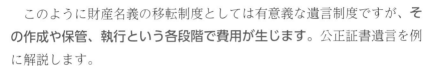

遺言書の内容によっては相続税にも影響

　このように財産名義の移転制度としては有意義な遺言制度ですが、**その作成や保管、執行という各段階で費用が生じます**。公正証書遺言を例に解説します。

　遺言書作成時に公証人役場に支払う手数料は、財産額によって増減するものの、財産額に比して大きな金額ではないと言えます。遺言書の内容を各士業や信託業者に依頼する場合は、**図表2**のような報酬（例）が生じます。

図表2　遺言に関する費用（公正証書の場合）

作成時	保管時	執行時
◆公証人役場（参考） 100万以下　　　…5000円 100万～200万　…7000円 200万～500万　…11000円 500万～1000万　…17000円 1000万～3000万 …23000円 3000万～5000万 …29000円 5000万～1億　…43000円 1億～　　　　…詳細規定有り ※上記は公証人の手数料です ◆専門家に依頼（概算値） ・弁護士　　20万～100万程度 ・司法書士　8万～20万程度 ・行政書士　8万～20万程度 ◆信託銀行に依頼（概算値） ・100万～200万程度	◆公証人役場の場合 　公正証書を作成すると公証人連合会のオンラインに情報登録される（遺言検索システムの利用可能） ◆信託銀行の場合（例） 基本手数料 　　　　…30万程度 年間保管料 　…5000～8000円程度	家庭裁判所は遺言執行者の報酬を定めることができる。但し遺言書に報酬を定めたときはこの限りではない。 ◆受遺者等が執行する場合 　受領しないケースも多い（自身のための執行だから…） ◆信託銀行が執行する場合 　（ある信託銀行の事案） 積極財産額の 5000万以下　　　…2% 5000万～1億　…1.5% 1億～3億　　　…0.9% 3億～5億　　　…0.6% 5億～10億　　　…0.4% 10億を超える　…0.3%

　遺言書保管時にも図表のように手数料が生じる企業があります。

　遺言執行時にも図表のような手数料が生じますが、遺言執行者は就任通知、財産目録の作成、遺言内容通知等、様々な手続きを執行する義務が生じ、法的にも当事者として責任を背負うため、それに見合う報酬を受領することになるのです。

　この報酬額は、各事業者によって様々な報酬規定があるようです。ちなみに、弊社グループの行政書士事務所では積極財産の0.5～1％程度（事案内容・財産内容による）を受領しています。

　別の視点からの留意事項として、**遺言書の内容によっては相続税に影響する場合もあります**。事例で検証しましょう。**図表3**のような家族構成、財産構成を仮定します。この場合、自宅を誰が取得するかによって妻の居住権と資金繰り、相続税額が変動します（**図表4**）。

　自宅の取得者を妻にするように遺言した場合には、小規模宅地等の特例（71ページのコラム参照）を自宅部分で適用することができ、配偶

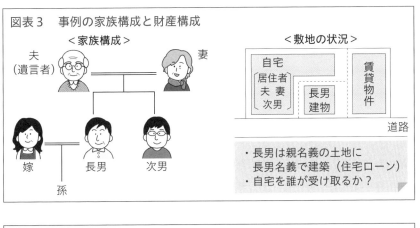

図表3 事例の家族構成と財産構成

＜家族構成＞

夫（遺言者）　　　　　妻

嫁　　長男　　次男

孫

＜敷地の状況＞

自宅
居住者
夫　妻
次男

長男
建物

賃貸物件

道路

・長男は親名義の土地に
　長男名義で建築（住宅ローン）
・自宅を誰が受け取るか？

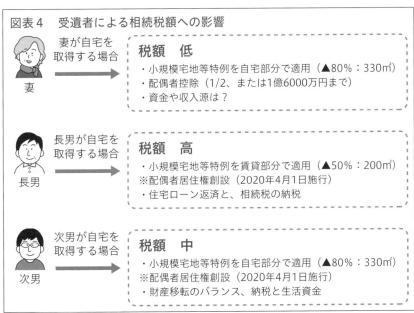

図表4 受遺者による相続税額への影響

妻

妻が自宅を取得する場合

税額　低
・小規模宅地等特例を自宅部分で適用（▲80％：330㎡）
・配偶者控除（1/2、または1億6000万円まで）
・資金や収入源は？

長男

長男が自宅を取得する場合

税額　高
・小規模宅地等特例を賃貸部分で適用（▲50％：200㎡）
※配偶者居住権創設（2020年4月1日施行）
・住宅ローン返済と、相続税の納税

次男

次男が自宅を取得する場合

税額　中
・小規模宅地等特例を自宅部分で適用（▲80％：330㎡）
※配偶者居住権創設（2020年4月1日施行）
・財産移転のバランス、納税と生活資金

者控除の適用も受けられることを考慮すると相続税額は最も低額になると言えますし、妻は所有権に基づいて居住することもできます。

　その反面、金融資産や収益物件の相続いかんによっては、自宅の保有

コストや生活資金に問題が生じることもあり得ます。

　自宅の取得者を長男とするように遺言した場合はどうでしょうか。すでに自宅を所有している人の場合、小規模宅地等の特例を相続する自宅で適用することはできないことになっています。長男はこのケースにあたるため、特例を相続する自宅で適用することはできず、賃貸物件で適用することになって、相続税は高額となります。また、住宅ローン返済と納税負担を考えると資金繰りに問題が生じる場合もあります。

　自宅の取得者が次男とした場合には、小規模宅地等の特例を自宅部分で適用することができ、相続税額は低額になります。相続税や自宅維持費に関する資金繰りに対しては考慮が必要となります。

　自宅取得者が長男、次男の場合には、配偶者居住権（73ページのコラム参照）も選択肢となり得るでしょう。

　このように、遺言書の内容によって、相続税負担は変わってきます。

遺言書は誰のために書くのか？

　ところで、遺言書は誰のために書くのでしょうか。次のケースで考えてみましょう（**図表5**）。

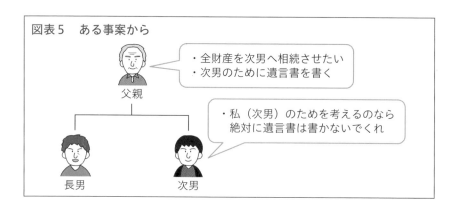

図表5　ある事案から

父親
・全財産を次男へ相続させたい
・次男のために遺言書を書く

長男　　次男

次男
・私（次男）のためを考えるのなら絶対に遺言書は書かないでくれ

コラム

小規模宅地等の評価減

　この制度は、特に地価の高いエリアにおいて、「自宅しか相続していないのに相続税負担が大きくて自宅を手放さないといけない」、または、「相続税負担が大きくて事業を廃業するしかない」という状況を回避するための制度です。

　相続等で取得した財産のうち、財産を受ける人（相続人等）が事業で使っている敷地、または住んでいる敷地（自宅）等について、一定面積まで評価を減額することができます。

　この制度を大きく分類すると、下記の3つがあります。

①特定居住用宅地（自宅のこと…330㎡まで▲80％減額）

②特定事業用宅地（事業で利用している敷地のこと）…330㎡まで▲80％減額

③貸付事業用宅地（賃貸物件の敷地のこと）…200㎡まで▲50％減額

※上記の①と②は、要件を満たせば両方の適用を受けることが可能。

　これは納税者にとってはとても有利な制度で、この制度の適用を受けると相続税負担が格段に安くなる効果が出ます。そのため、財産を受ける人の要件や自宅の要件、事業の要件等について詳細に規定されています。

　要件の詳細については、この制度の専門書をご覧いただくか、相続税に強い税理士等へご確認ください。

このケースは、父親と長男との間に確執があり、その反面で次男が頼りになる、という背景から、父親は次男に全部を相続させる旨の遺言を書くと主張しています。ところが、次男は「絶対書かないでくれ。書いたら親父を恨む」とまで言っています。父親にしてみれば、次男に有利な遺言書を書いてあげようとしているのに、それに対してかたくなに反対している次男の想いが理解できません。その次男の発言の真意は何なのでしょうか。

　次男が筆者に語った想いは、「その遺言内容を長男が知ったら、とても傷つくに違いありません。傷ついた兄（長男）と、この先何十年も共に生きていくのは父親ではなく、唯一の兄弟である自分（次男）なのです。さらには、兄の子どもと自分の子どもたちという、いとこ同士の関係も大切にしてほしい。万が一にも、遺言者となる親父自身の自己満足を優先させて、その結果、子や孫の仲に悪影響を及ぼすような遺言はやめてほしい」ということでした。

　別のケースでは、遺言者が祖父で、養子縁組した孫に対して、「農業を継いでくれるなら、農地の全部を相続させる」という内容の遺言書を書こうとしていました。ただ、その時点で孫は15歳になったばかりだったのです。

　15歳という年齢は様々な将来の可能性を秘めている年齢と言えますが、祖父が書こうとしている遺言内容は孫の将来の可能性を広げるものか狭めるものか、果たしてどちらと言うべきでしょうか。

　遺言書を書く主体は「財産を遺す人」ですが、**遺言書は「財産を遺す人」のための制度ではなく、「財産を受け継ぐ人」のために存在する制度**なのです。

配偶者居住権

　これまでは、配偶者が自宅に住み続けるために自宅を相続した場合、それだけで子などの法定相続分や遺留分を侵害し、預貯金を相続することができない、という問題が生じることもありました。

　例えば、相続人が配偶者と子ども１人で財産が下のイラストのような内容だった場合、配偶者が自宅を取得すると、それだけで法定相続分（2,500万円）を超えますし、遺言書があったとしても、子の遺留分（1,250万円）を侵害します。

 自宅
4,000万円
 預貯金
1,000万円

　その解決のため、被相続人（亡くなった方）名義の建物に居住していた配偶者が遺産分割や遺言等によって、その建物に無償で居住する権利（建物所有権は受け取らない）を取得できる、という制度が創設されました。これを配偶者居住権といいます。

　配偶者居住権は、配偶者の住まいを確保することが目的なので、第三者に譲渡することはできませんし、配偶者の死亡によって消滅します。配偶者居住権を第三者に主張するためには登記が必要となります。

　個人的には、配偶者の居住地を確保するための法制度という点は理解できるものの、このテーマは法律問題としての解決ではなく、親子の情で対処してほしいと思いますが…。

悩み12

アパートを相続したのだが…

Q 相続で賃貸アパートを取得したのですが、父親が長年一人で経営していたため、わからないことばかりです。何から手を付ければよいのか、今後に向けてどうすればよいか、途方に暮れています。

A アパート経営は、昨今の不動産投資ブームに乗った人を除くと、経営者（物件所有者）には比較的高齢な方が多いと言えます。

また、その経営者が自主管理を行っている場合、本人以外は経営内容を把握していないケースも多いようです。そうしたケースで経営者が認知症になったり、あるいは相続が発生した場合、後継者は何がどうなっているか把握できない状態で賃貸経営を引き継がなければなりません。

賃貸経営には入居者募集、契約・更新、退去・原状回復、設備修繕、入居者や近隣のトラブル、業者手配、費用支払い、税務……等々の様々な業務がありますが、大きくは「入居者管理」と「建物管理」の2つに分類でき、これらを自主管理でやっていくか外部委託するか、という選択肢となります（**図表1**）。

業務委託契約によって不動産会社に運営を任せている場合には、管理業務自体はその不動産会社によって継続されるため、大きな支障は生じないと思われます。しかし、**自主管理をしていた場合などは、日々の業務が滞ることになり、問題が生じることも多くなります**。一例を挙げると、家賃の支払状況がわからない、水漏れや雨漏り等の際の工事手配ができない、という具合です。

74

図表1

建物の管理
・退出時のリフォームは？
・電球が切れたら？
・トイレの水が止まらない…
・長期的な修繕は？

入居者の管理
・家賃滞納者がいたら？
・ゴミ捨ての近所クレームは？
・入居者が騒音で揉めたら？
・悪質入居者がいたら？

自己管理
・全部自分で行う
・手取収入は多い
・収入は確定的ではない

業務委託
・業務を業者に依頼
・手取収入は少し減少
・収入は確定的ではない

一括借上
・所有者⇔業者⇔入居者
・手取収入は少し減少
・空室でも収入は確定的

◆　　　　　**現状把握がすべての入口になる**　　　　　◆

　このようなケースにおける対応の流れを示したのが次ページの**図表2**です。

　まずは、**現状把握がすべての入口**になります。具体的には、**亡くなった前経営者（親など）が残した書類や過去の確定申告書、銀行通帳やメモ等から状況を推測し、把握します**。入居者に挨拶がてら直接ヒアリングしてもいいですが、物件が遠方のケースなどは、それもかなり時間を要する作業となります。

　自主管理であったとしても、入居者の募集・契約に関しては不動産会社に仲介を依頼しているケースがほとんどなので、賃貸借契約書が見つかれば仲介不動産業者にヒアリングするのもよいでしょう。

　ただし、仲介業者もそれほど長期間は書類保存をしていないので、例えば10年以上前から入居している借主との契約書類は保存されていないことも多いと思われます。

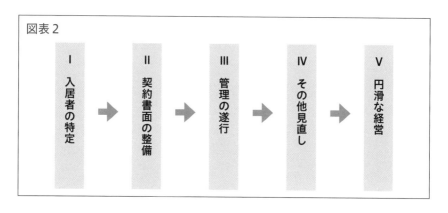

図表2

I 入居者の特定 → II 契約書面の整備 → III 管理の遂行 → IV その他見直し → V 円滑な経営

　この期間に不動産業者を絡めた更新手続きを行っておらず、貸主と借主の間だけで口頭で何となく更新を行っている場合などは、仲介業者へのヒアリングで知り得る情報には限界があります。入居者の勤務先が変わっていることも多く、連帯保証人が既に他界していることもあります。

　つまり、**契約書の管理や更新の管理がしっかりできていないと、入居者情報すらうまく引継ぎができない場合も生じる**ということです。

◆　　借主から原契約書を入手することも　　◆

　入居者が特定できたら、次は契約書類等の整備を行います。「貸主の変更が生じたので書面を作成したい」旨を借主に伝えれば、ほとんどの借主は契約関連書類の作成には協力的なはずです。

　ただし、以前の契約書内容が不明等の場合、貸主側で勝手に原契約の条文を変更することはできませんから、借主に対して「念のため契約内容の確認をさせてください」という話法で原契約書を入手する場合もあります。この段階で、**更新状況の把握、各種連絡先、連帯保証人情報などを整える**必要があります。

　書類等の整備に目途が付いたとしても、実際にアパートの運営が始ま

ると**入居者対応や設備への対応が必要**になってきます。

　賃料に関しても契約書上は前払い特約が一般的には付されていますが、諸事情によって後払いになっているケースもありますし、過去の滞納分を分割で支払っているが、それがどこまで返済が進んでいるか不明になっていることもあります。

　また、入居者の退出時には原状回復に関する負担割合の調整・確認業務が生じますが、入居時点での原状について、後継者には把握する術がありません。つまり、自然損耗や経年劣化、借主の故意・過失の範囲が把握できないわけです。

◆　借主による修繕をめぐるトラブルにも注意　◆

　補足ですが、賃貸物件の修繕について、2020年４月１日施行の改正民法では「賃借人は通常損耗や経年劣化についてはその義務を負わない」とされました。

　また、設備故障の対応に関して入居者に修繕権が認められたことにより、借主による不要・過剰な修繕が行われる可能性もあり、借主から貸主に対する高額な費用求償の負担が生じる等、トラブルの可能性も考えられます。さらに、物件の一部が使用できなくなった場合の賃料減額リスクもあります。

　このように賃貸物件を相続した場合は、現状把握が最も難しい作業となり、**ハード面（建物等の資産）の承継より、ソフト面（契約内容や対応履歴等）の承継が問題**となり得ます。特に元経営者（親など）だけが知っている情報が多ければ多いほど経営承継には問題が生じます。

　建物の承継とともに経営自体がスムーズに承継できるように、**普段から経営情報の記録や、履歴をしっかり共有できる環境を作っておくことが重要**です。

アパートに空き室が増えた

Q 20年前に建てたアパートなのですが、空室が目立つ
ようになり、収支が落ち込んできました。このアパー
トの今後について、どのように考え、どのような対策
を講じたらいいでしょうか。

A 賃貸物件は、ある程度の築年数が経過すると設備面や躯体面
で大きな修繕が必要となり、転機を迎えます。

一般に、築年数が経過すると空室が増えるため賃料を値下げしていく
傾向が強くなりますが、その結果、収支が悪化し、管理費・修繕費の捻
出が難しくなります。すると、管理面や修繕面を気にしない入居者が多
くなり、ますます家賃を下げるしかなくなるという悪循環に陥りやすい
ものです（**図表1**）。

築年数の経過した賃貸物件に関して、所有者が将来に向けて取り得る
選択肢は、①現状維持、②リフォーム、③建替え、④売却の4つです。

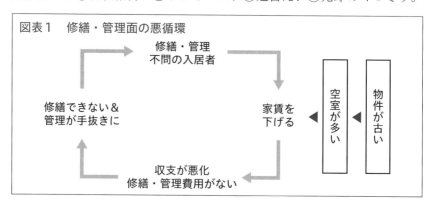

図表1　修繕・管理面の悪循環

◆　　リフォームも想定を間違えば無駄な投資に　　◆

①現状維持

　中期的に賃貸経営を終了する方向であれば、現状維持を選択します。将来に向けて大規模な修繕費用を投下するようなことはせず、**今後の経営期間の目安をイメージしながら、なるべく支出を抑える施策を採用**するのです。

　例えば、入居者退去後の原状回復に関し、工事内容や単価を精査し、不要な支出を避けるなどして１工事あたり20万円抑えられるとしたら、10工事で200万円の支出削減になります。

　また、入居者に退去されるくらいなら、更新料や賃料の値下げをして、とりあえず目先の収入を確保する、という方向性も考えられるでしょう。

　ほかにも、借入金利等の見直しや法人活用等による節税も、収支改善を図る手法となり得ます。

②リフォーム

　リフォームを行う場合は、躯体等の物理的な耐用年数を踏まえて、賃貸市場に合わせたリフォームをいかに効率よく行えるかがポイントになります。**賃貸物件の入居者像の想定を間違ったリフォームは、単なる無駄な投資に終わってしまいます。**次ページの**図表２**はその一例です。

　投資額と回収期間の関係も重要です。仮に、バリューアップという名目で過大なリノベーションに300万円を投資したとします。その効果として月額２万円の収入増を達成できたとしても、回収までの期間は150ヵ月になります（300万円÷２万円）。

　150ヵ月といえば12年半です。その間に屋根や外壁などの躯体、給排水管や電気等の配線、その他設備はどうなっているでしょうか。

　お金をかければ必ず儲かるとは限りません。

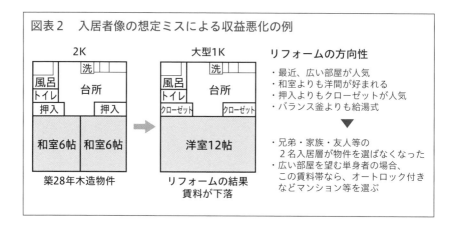

図表2　入居者像の想定ミスによる収益悪化の例

2K

	洗	
風呂	台所	
トイレ		
押入		押入

| | 和室6帖 | 和室6帖 |

築28年木造物件

大型1K

	洗	
風呂	台所	
トイレ		
クローゼット		クローゼット

| | 洋室12帖 | |

リフォームの結果
賃料が下落

リフォームの方向性
・最近、広い部屋が人気
・和室よりも洋間が好まれる
・押入よりもクローゼットが人気
・バランス釜よりも給湯式

・兄弟・家族・友人等の
　2名入居層が物件を選ばなくなった
・広い部屋を望む単身者の場合、
　この賃料帯なら、オートロック付き
　などマンション等を選ぶ

◆ 古い賃貸物件は空室が売却価格にプラスに寄与 ◆

③建替え

　建替えをすると建物や設備は新しくなり、今どきのニーズを捉えた設備内容になるため、面積あたりの賃料単価は上昇し、空室率も改善するかもしれません。しかしながら、**負債返済を考慮した場合、所在エリアによっては、実質手取額が現物件と比べて同等もしくは減少するケースも見受けられます。**

　一方で、地形や所在地等にもよりますが、建替え前における間取りや配置の工夫、検討次第では、収入が大幅に増加するケースもあります。

④売却

　売却に関して検討しなければならない要素の詳細は割愛しますが、実は**築年数が経過した賃貸物件は、空室が多いほど高く売却することができます。**購入者は、更地価格から明渡し関連費用や建物取壊し費用、金利や期間リスク等を逆算して購入価格を決定するからです（**図表3**）。

　築年数の浅い収益物件とは考え方が大きく異なりますので、押さえて

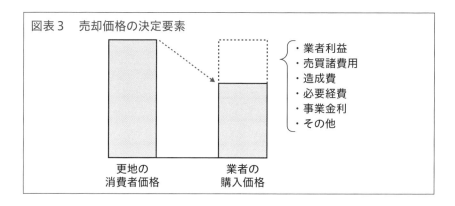

図表3 売却価格の決定要素

・業者利益
・売買諸費用
・造成費
・必要経費
・事業金利
・その他

更地の消費者価格　業者の購入価格

おいてください。

◆ 将来の明渡し費用を抑えるには定期借家契約に ◆

　以上挙げた4つの選択肢のうち、建替えと売却は入居者の立退き問題への対処が必要ですし、現状維持やリフォームを選んでも中長期的には入居者対応が必要となります。

　明渡し関連の諸費用に関しては、実務的な感覚では居住用物件の場合で家賃の6～10ヵ月分、事業用ではさらに高額になることが多いです。

　将来的な明渡し関連費用を抑えるための手法としては、**契約形態を普通借家契約ではなく定期借家契約にしておく**ことをおすすめします。

　普通借家契約では貸主側に正当事由がない限り法定更新されてしまいますが、定期借家契約では契約期間が満了したら、それで契約が終了します。そのため、特別の書類作成、所定の終了通知等の手続きは必要となるものの、契約期間の終了に伴い退去してもらうことが可能となり、明渡し費用がかかりません。

　築20年を超えるような賃貸物件については、**短期的な視野からの対応ではなく、中長期的な資産像を見据えた対応が重要**となります。

貸宅地の扱いに悩んでいる

Q 貸宅地（底地）を所有していますが、地代も安く、相場と見合っていないように思えますし、固定資産税などの税負担も大きく、何とかしたいと思っています。貸宅地を今後どのように扱ったらよいでしょうか。

A 貸宅地とは、借地権の負担のある土地のことで、底地と呼ばれることもあります。借地権というのは、建物所有を目的とする土地賃借権と地上権を指します。

多くの借地権は、成立時期から相当の時間が経過しており、当事者も世代交代しています。過去と現在での価値観や権利意識の変化のほか、複雑な感情などが絡み合っていることも少なくありません。

所有者からすると、貸宅地は収益性・流動性が低い資産といえます。借地の契約面積や期間が不明確な場合や、土地賃借料（地代）が相場と見合っていないことなどがあるからです。

さらに、固定資産税や相続税の負担が大きいほか、相続により貸宅地を突然受け継いだ人は土地に対する思い入れも弱い場合がほとんどです。そのため、組替えを検討すべき財産とされることも少なくありません。

◆ 当事者双方にメリットが明確な方法を ◆

貸宅地が抱える問題を解決する方法には、大きく分けて、「**貸宅地を手放す**」「**土地を所有権にする**」という2つがあります。

方向性はシンプルですが、地主・借地権者という相反する利害関係の

調整が必要であるため、解決は簡単ではありません。相手方の状況や意向を考慮せずに地主側の一方的な要望による解決を求めた結果、交渉が難航するケースも少なくありません。

つまり、留意すべきは、スキームありきではなく、**地主と借地権者の意向をすり合わせ、両者にとってメリットが明確な方法を探る**ことです。それを前提に、主な解決策とそのメリット・デメリットを見てみましょう。

①貸宅地を手放す場合

貸宅地を手放す方法としては、次の3通りが考えられます（**図表1**、**図表2**）。

（1）借地権者もしくは底地業者への売却

（2）貸宅地と借地権を第三者へ共同売却

（3）物納

（1）のうち「借地権者への売却」は、借地権者が希望することが多い方法です。底地を購入するための支出が多少大きくても、地代や建替え承諾料、更新料の負担がなくなるだけでなく、長年続いてきた地主との煩わしい関係も解消できるからです。

さらに、購入価格も所有権価格の40％程度である場合が多く、割安

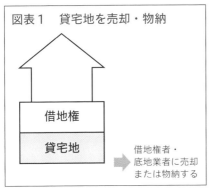

図表1　貸宅地を売却・物納

借地権
貸宅地
借地権者・底地業者に売却または物納する

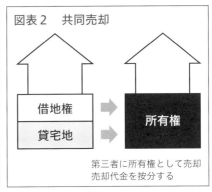

図表2　共同売却

借地権
貸宅地
所有権
第三者に所有権として売却　売却代金を按分する

と言えます。

　底地業者とは、一まとまりの貸宅地を購入し、各借地権者と個別に交渉、売却して利益を得るビジネスモデルの不動産業者です。その手間や保有コスト、適正利益等が買取価格に反映されるため、**地主の売却額は一般的に相続税評価額より低くなります。**

　（2）第三者への共同売却は、貸宅地と借地権を合わせて所有権として売却し、売却代金を地主と借地権者で按分する方法です。売却額としては最も高い市場価格での売却が可能となりますが、**売却価格における貸宅地と借地権の比率や、各種費用負担等の調整が必要**になります。

　③物納は相続税を不動産等で納付する手法です。相続税評価額で納付できるため、①で売却価格が相続税評価額より低くなってしまうようなケースでは、資産としての優先順位の低い貸宅地を物納することによって、その他の資産を守ることができます。

　ただし、物納は相続税納付の例外的な規定であるため、物件の状況や資産構成等の要件を満たす必要があります（58ページ参照）。

◆　所有後の利用方法や収益性を事前に検討する　◆

②土地を所有権にする場合

　土地を所有権にするというのは、つまり、借地権者との借地権関係を解消するということです。それには、**借地権を購入する方法（買戻し）**および、**借地権者と権利交換（等価交換）をする方法**、の2つがあります（**図表3、図表4**）。

　借地権を買い戻す場合には、**買戻し後の利用方法を事前に検討する**ことが望ましいでしょう。

　例えば、買戻し後の利用方法として賃貸住宅を建築するのであれば、アパートローンと合わせて貸宅地の買戻し資金を調達することも考えら

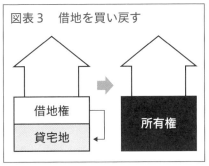

図表3　借地を買い戻す

借地権
貸宅地
→
所有権

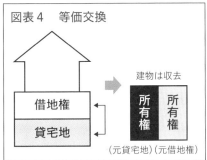

図表4　等価交換

建物は収去

借地権
貸宅地
←→
所有権
所有権
（元貸宅地）（元借地権）

れます。この場合は、購入条件とともに収益性の検討が必須となります。

　もう一つの等価交換というのは、貸宅地と借地権の権利の比率に応じて、所有権として土地を分割する手法です。

　建物を取り壊して更地にする必要があるほか、交換比率を借地権者との間で調整しなくてはなりませんが、**地主・借地権者とも、土地を手放すことなく所有権化できます**。「固定資産の交換特例」（41ページ参照）の要件を満たせば譲渡所得税の負担は生じません。

　ただし、この方法は、**土地面積が狭い場合には適しません**。所有できたとしても、それが例えば10坪しかないような土地になっては、有効に利用できないからです。

調整には多くの時間や労力が必要に

　以上のように貸宅地を解決する手法は複数ありますが、利害関係者の感情的な問題もあり、どれも調整に多くの時間や労力が必要となります。

　解決に導くには、法的知識を踏まえたうえで、経緯から交渉相手の意向を汲み取り、感情を解きほぐすことが必要ですが、当事者同士の対応だと一歩踏み込んだ話へ進みにくい場合もあります。また、堅苦しい法的理論や評価理論だけでは円滑に進まないこともあるのです。

悩み15

不動産を高く売りたい

Q 多少時間がかかってもかまわないので、所有している不動産を少しでも高く売りたいと思っています。不動産業者に依頼する際、どんな点に気をつけて業者を選んだらいいでしょうか。

A 　不動産を売却する際の業者選びの基準には、スピードや確実性、価格等の要素がありますが、このご相談者が一番に優先しているのは、自分の不動産を「高く売ってくれる」ということです。

　不動産売買のルールを定めた宅建業法（宅地建物取引業法）では、不動産業者への売却の依頼方法として「一般媒介」「専任媒介」「専属専任媒介」という3つの方法を定めています。

　このうち**「一般媒介」**は、複数の不動産会社に売却の取扱いを依頼する方法です。この方法は、情報を広く周知することができるメリットがあります。ただし、その反面、依頼された仲介会社としては、結果的に他社の取扱いになることも想定されることから、**広告費、人件費等、経費をかけにくい**と言えます。

　一方、**「専任媒介」**は1社のみに売却の取扱いを依頼する方法です。依頼を受けた業者としては、自社のみで扱えるため、販売活動上の状況確認も取りやすく、**広告費や人件費等の経費をかけた販売活動が行いやすくなります**。さらに**「専属専任媒介」**では、報告義務の頻度も多く、業者にとって成約に対する動機がより高いとされています。

　ただし実務上では、これら売却依頼形態の違いよりも、**対象不動産の適性を見極める力や、個別事情に合致した販売方法をとれるか否かがポ**

イントとなり、さらには、**その不動産業者が「誰のため」の仲介を行お
うとしているかを見極めることが重要**となります。

　不動産取引は、複数の業者が売主側仲介と買主側仲介に分かれるケー
ス（片手取引）、1業者のみで仲介を行うケース（両手取引）、不動産業
者が購入し転売するケース（買取・転売取引）、等に分けられますが（**図
表1**）、これら取引形態の違いによって、不動産業者の稼ぐ収益額は大
きく異なってきます。

　不動産業者のスタンスの違いによって、「誰」のメリットを追求する
のかが違ってきてしまうことは想像に難くないでしょう。

　もちろん、買取・転売取引や両手取引は望ましくない、というもので
はありませんし、対象不動産を誰が買うのか、という購入者イメージに
より取引態様も変わってきます。

　不動産は利用形態や築年数、大きさや用途、法令上の制限等によって
適性用途が変動します。例えば、建物がまだ新しく、リフォームの必要

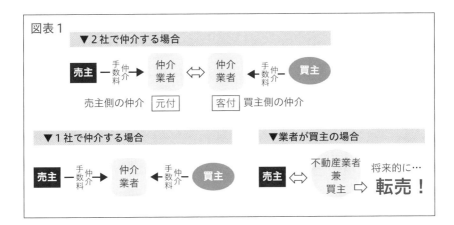

図表1

▼2社で仲介する場合

売主 ─手数料仲介→ 仲介業者 ⟷ 仲介業者 ←手数料仲介─ 買主

売主側の仲介 元付　　　客付 買主側の仲介

▼1社で仲介する場合

売主 ─手数料仲介→ 仲介業者 ←手数料仲介─ 買主

▼業者が買主の場合

売主 ⟷ 不動産業者兼買主 将来的に… ⇨ 転売！

87

性がない戸建てやマンションは、一般消費者がマイホームとして購入することが想定されますし、規模が手ごろな収益物件も一般消費者に向けて売却するほうが高値になるでしょう。

　一方、開発行為が必要となるような規模の大きい素地等は、普通は一般消費者が購入することはなく、開発を主業務とする不動産業者が購入することになります。用途地域等の都市計画や道路付等の諸条件によっては、マンション開発なのか、戸建開発なのかという観点から、さらに購入業者のイメージは細分化されます。

　ここで問題となるのは、一般消費者向けの物件なのか、不動産業者向けの物件なのかの判断に迷うケースです。

　例えば、一般的な戸建やマンションであっても築年数が経過しており、多少手を加えたほうがよいと思われる物件があるとします。一般消費者が自身で好きなようにリノベーションできる物件であれば、想定される購入者は一般消費者になりますが、現状の見た目が良くない物件を売りに出しても早々には購入者が見つからないことも多いものです。

　このようなケースでは、リノベーション専門の買取業者が購入し、手を加えて再販することも現実的となります。この場合は、**売却依頼を受けた不動産業者が対象不動産の購入者イメージを適正に判断して売却活動を行うことが、売値を高くし、売却依頼者の満足度を高めます**。

　こうした対応ができる不動産業者を選ぶことが、不動産を高く売ることにつながるわけです。

 ## 転売者等の利益に転化されるケースも

では、以下のケースを検討してみましょう。

　売却対象は築年数30年程の２世帯住宅が建つ約80坪の土地です。敷地が標準的敷地よりも２倍ほど広く、建物も耐用年数を過ぎているため、

当初の仲介業者は、早々に建売業者の中から買主候補を選定しました。

現建物を利用する一般消費者、もしくは広い敷地を望む一般消費者が存在するならば、一般的に建売業者よりも一般消費者のほうが購入価格は高くなります。にもかかわらず、この仲介業者が早々に建売業者を選定した理由は何なのでしょう。

買主が建売業者等の場合、土地購入後に建物を建築し、エンドユーザーに再度売却します。買主（転売主）は素地情報が重要なので、新築仲介も素地情報を持ち込んだ仲介業者の会社に任せることが多くあり、仲介業者は再度、販売時の手数料を受け取れることになります。これが、この仲介業者が早々に建売業者を選定した理由です。

本来、もっと高値で売却できる可能性がありながら、売主の滅失利益という犠牲のもとで転売者と仲介業者の利益に転化されてしまったわけです（**図表2**）。こうした不動産業者を選んでしまうと、「少しでも高く売りたい」という目的は達せられないことになります。

不動産売却では、**金額・時期・確実性などの売却目的と判断基準を明確にして最適な売却方法を選択することが、売主にとって最重要ポイント**となります。

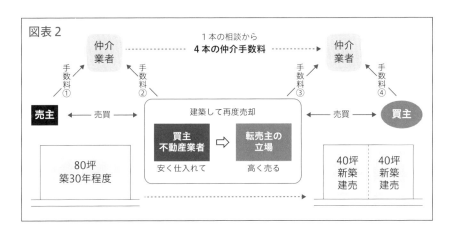

図表2

1本の相談から
4本の仲介手数料

株式会社アセット コンサルティング ネットワーク

　不動産と相続・事業承継に特化した総合コンサルティングファームであるアセットコンサルティンググループのFPコンサルティング会社。

　アセットコンサルティンググループは、相続設計、事業承継、相続税の物納、権利調整（借地・底地、共有、借家、株主）、土地活用の企画、賃貸経営の改善等を主な業務範囲とし、現在は、アセットコンサルティングネットワークのほか、変形敷地や狭小敷地にも柔軟に対応できる自由設計・耐火構造を主に、格安木造戸建・店舗・RC構造まで手掛けている設計・建築会社、遺言・相続事案、株主施策・事業承継に関する事案を主とする行政書士事務所という3つの事業体で構成されている。

［代表者・大城嗣博 略歴］

　リクルート事件後、同社に入社。平成バブル崩壊後に不動産会社に入社。山田＆パートナーズ会計事務所・東京ファイナンシャルプランナーズのグループ会社である不動産コンサルティング会社を経て、2000年に相続・不動産に特化したFPコンサルティングを主業務とする株式会社アセットコンサルティングネットワークを設立。

　現在、アセットコンサルティンググループでは不動産・FP・法務・建築・設計等の経験と知識を活かし、生命保険や銀行、ハウスメーカー等の営業担当者から案件相談を受けている。特に相続発生後のコンサル案件数は累計2,000件を超えており、机上の論理ではなく『実践するコンサルティング』を唯一のモットーにしている。

　株式会社アセットコンサルティングネットワーク代表取締役。アセットホーム一級建築士事務所株式会社取締役。行政書士事務所資産相談室所長。〈公益社団法人東京共同住宅協会認定資格〉土地活用プランナー試験審査委員。

＜主な著書＞

『＜図解＞あなたの不動産相続設計』（プロスパー企画）

『宅建主任者になろう』（インデックスコミュニケーションズ）

『＜図解＞土地・建物の有効活用法』（インデックスコミュニケーションズ）

『不動産の悩み　ズバリ解決！』（住宅新報社）

『地主取引の推進マニュアル』＜原稿協力＞（近代セールス社）

『知らなきゃマズい 医師×お金のルールとマナー』＜原稿協力＞（日経BP社）

お役に立ちます！
地主さんの疑問・悩みにこたえる本

2020年12月4日　初版発行

著　者——株式会社アセット コンサルティング ネットワーク
発行者——楠 真一郎
発　行——株式会社近代セールス社

　　　　　〒165−0026
　　　　　東京都中野区新井2−10−11　ヤシマ1804ビル4階
　　　　　電　話　03−6866−7586
　　　　　ＦＡＸ　03−6866−7596
DTP・印刷・製本 ——株式会社アド・ティーエフ
装　丁——井上 亮

編集担当——飛田浩康

ISBN978-4-7650-2200-2